Thinking about disaster prevention and mitigation

豪雨災害と自治体

防災・減災を考える

編集
大阪自治体問題研究所
自治体問題研究所

自治体研究社

はしがき

　日本はもともと自然災害の多い国ですが、特に最近では毎年のように大きな自然災害が発生しています。台風や豪雨は地球温暖化の影響があると言われていますし、地震については、活動期かどうかはわかりませんが、大きな地震が増えています。そのようななかで自然災害に対する市民の関心が高まっています。

　防災をめぐって近年、目覚ましい進歩が見られます。まず一点めは、科学の進歩に伴い各種の予測が格段に進んだことです。たとえば、台風の進路や降水量についてはかなり精緻な予測ができるようになっていますし、詳細なハザードマップの作成も進んでいます。もちろん、地震についての予測は困難です。また、土砂災害でも深層崩壊については未知な点が多く、ハザードマップの作成は無理です。そのような点はありますが、予測については全体としてかなりの進歩が見られます。

　二点めは、科学技術の発展に伴い防災・減災技術が進歩したことです。日本ではいままで地震でさまざまな被害を受けてきましたが、それを耐震基準の向上に反映させてきました。そのため、地盤から崩れたりしない限り、大規模な地震に耐えられる建物がかなり普及しています。また、液状化、土砂災害についても技術的な対応が進んでおり、減災技術はかなり進歩しています。

　三点めは、行政の体制、計画が整えられてきたことです。かつて危機管理課などは特定地域の自治体にしか見られませんでしたが、いまではどこの自治体でも見られます。また、政府レベルでも、2001年に

防災担当大臣が置かれ、それ以降途切れることなく大臣が置かれています。政府レベルでの防災基本計画、自治体レベルでの地域防災計画も継続的に作成され、大きな自然災害があるごとに計画の改善が図られています。

　四点めは、地域、市民の取り組みが大きく発展したことです。阪神・淡路大震災をきっかけにボランティアが一般化しました。その後も過不足はありますが、復旧にボランティアの力が欠かせなくなっています。また、大学や企業などの地域支援も当たり前のように取り組まれています。さらに地域では、さまざまな事態を想定した避難訓練に取り組みつつ、災害弱者に対する支援体制などの整備も進められています。

　もちろんそのようななかで解決しなければならない問題も明確になっています。一つめは、あいかわらず防災対策が軽視されていることです。日本では耐火建築物を普及させ、防火地域を指定し、大火を防ぐ対策が取られてきました。その一方で、人口が急増した高度経済成長期、危険性を十分考慮せず、宅地開発などを進め、自然災害に脆弱な地域を作りました。人口はすでに減少し始めているため、本来であれば、防災的に脆弱な地域の計画的な解消など、抜本的な防災対策を進めるべきです。しかし、防災対策が軽視され、毎年のように被害が発生しています。ハザードマップで危険な区域に指定されているにもかかわらず、改善が遅れ、毎年のように貴重な人命が失われています。強度が不足しているブロック塀の危険性は以前から指摘されていましたが、改善されず、貴重な命が失われています。災害発生後も同じです。せっかく助かったのに劣悪な避難所生活で命を落とす人が後を絶ちません。避難所の生活水準は自然災害が多い日本とは思えないレベルのままです。

　二つめは、多くの防災対策や復旧があいかわらず個人責任にされて

4　　はしがき

いることです。耐震構造の建物が増えている一方で、耐震改修がなされていない建物もたくさん残っています。違法建築を除けばこれらの多くは既存不適格であり、個人に耐震改修の責任をすべて押し付けるのは問題です。また、自然災害で住宅や事業所が被害にあった場合、復旧、復興は基本的に個人責任であり、復旧、復興の大きな足枷になっています。自然災害で被害を受けるのは個人に非があるわけではなく、個人の住宅、事業所であっても、国全体で荷を分かち合うような考えに転換すべきです。

　三つめは、災害に脆弱な地域、危険区域が拡大されていることです。この典型は原発です。日本のように自然災害が多い国では世界に先駆けて再生可能エネルギーに舵を切るべきです。ところが、福島原発事故の原因が未解明であるにもかかわらず、原発の再稼働が進みだしています。また、人口がすでに減少しだしている一方で、首都圏への人口集中は止まりません。都心部に人口が集中している都市も多くみられます。人口稠密な地域では、人口減少を生かして抜本的な安全対策をとるべきです。しかし、安全対策は先送りされ、人口のさらなる集中が進み、災害に脆弱な地域が未だ拡大されています。

　四つめは、市民の意向とかけ離れた復興、防災対策が進められていることです。被災後の復興では、まず市民の意向を第一に考慮すべきです。ところが市民ニーズとかけ離れた大規模開発が進められ、市民生活、生業の復旧、復興が進めにくくなっている例があります。災害の危険が指摘されている地域では防災・減災対策を進めるべきです。しかしなかには過度にハードな対策に依存し、持続的な市民生活が脅かされたり、地域の文化的、歴史的特性が失われたりする場合があります。防災・減災対策はハードとソフトの両面で進めるべきであり、また市民の民主的な議論が不可欠です。

　五つめは、自治体の防災力が低下していることです。地域での防災

拠点は自治体です。ところが体制や計画は作っているものの、形だけに終わっている自治体がみられ、防災力が低下している自治体もあります。その最大の理由は財政的理由によって進められている職員の削減、民営化、市町村合併などです。正規職員をぎりぎりまで減らし、非正規職員、派遣等で補っている自治体が多くなっています。いざ災害が起こった場合、自治体職員が足らず、業務に支障をきたしたり、避難所運営が困難になったりしています。また、市町村合併を進めた自治体では、行政機構が中心部に集中し、周辺部での復興が遅れがちです。財政は重要ですが、安全に暮らせなければ意味がありません。財政面だけでなく、防災面から自治体のあるべき姿を考える必要があります。

　六つめは、地域防災力も低下していることです。避難訓練などは進んでいますが、その一方で高齢化、人口減少が進み、地域防災力としてみた場合、低下している地域も少なくありません。コミュニティの活性化は防災だけでなく、防犯、高齢者、子育て支援などさまざまな面で重要です。コミュニティを運営するのは市民と行政です。ところがその行政が地域から撤退し、さまざまな業務を市民組織に丸投げしだしています。これでは地域が支えられません。行政と市民組織が共同し、地域の防災力向上、コミュニティ活性化に向けて動くべきです。

　本書は以上のような問題意識のもとで大阪自治体問題研究所と自治体問題研究所が共同で企画しました。特に頻発している「豪雨災害」に焦点を当てています。各章の執筆者はその分野の第一線で活躍されている方々です。「豪雨災害」がどのようなメカニズムで発生しているのか、なぜ被害が発生し拡大したのか、どのような方向性が求められているのか、自治体のあり方と責任をどう考えるべきか等々を書いていただきました。お忙しいなか、原稿を書いていただいた執筆者の

方々に改めてお礼申し上げます。また、本書の編集は大阪自治体問題
研究所副理事長の藤永延代さん、自治体研究社の深田悦子さんと寺山
浩司さんにご担当いただきました。ありがとうございました。本書が
安全な地域の創造に少しでも役立てば幸いです。

奈良女子大学生活環境学部教授
大阪自治体問題研究所理事長・自治体問題研究所副理事長
中山　徹

豪雨災害と自治体

防災・減災を考える

［目次］

はしがき　3

I　豪雨災害のメカニズム　15

1　人間と災害の間合いを地球温暖化は
どう変えるか……………………………………寺尾　徹　17

1　「極端現象」とは何か　17

2　災害をもたらす極端現象　18

3　温暖化の進行で極端現象は増加するか　24

4　極端現象はすでに増加しているか　27

5　広島豪雨を解析する　29

6　極端現象の原因は地球温暖化なのか　33

7　極端現象はなぜ増えるのか——豪雨が増えるメカニズム　33

8　災害との間合いをはかる　34

2　日本の地質・地形の特質がもたらす
西日本豪雨の災害………………………………田結庄良昭　40

1　土石流被害が多かった西日本豪雨災害　41

2　西日本の地質や地形の特質がもたらす豪雨災害　42

3　土石流のメカニズムと恐さ　44

4　土砂災害の危険をどう察知するのか　46

5　洪水被害と課題　47

6　ダム操作と洪水被害　47

7　土砂災害警戒区域と問題点——開発に防災が追いつかない　48

Ⅱ　現場で何がおきていたのか　53

1　岡山県●防げたはずの豪雨災害……………………磯部　作　55
　1　岡山県における西日本豪雨災害の状況　55
　2　西日本豪雨災害の原因　59
　3　西日本豪雨災害からの課題　62

2　広島県●全国最多の土砂災害
　　　　　　　　危険地帯で起きた災害…………………越智秀二　64
　1　降雨の特徴　65
　2　広島県での災害について　66
　3　災害の概括と教訓化の課題　69

3　愛媛県●農林水産業と中小企業の被災
　　　　　………………村田武・山藤篤・松岡淳・小淵港　72
　1　農林水産業の被害　72
　2　西予市における中小企業の被災と復旧対策　81

4　兵庫県●神戸市灘区篠原台の盛土開発地の
　　　　　　　　崩壊による土石流被害………………田結庄良昭　86
　1　西日本豪雨による兵庫県の被害　87
　2　篠原台を襲った土石流の原因は盛土開発地の崩壊だった　87
　3　篠原台は土砂災害警戒区域に指定されていた　90

5　京都府●災害時の自治体連携と自治体疲弊………池田　豊　93
　1　増大する自然災害と自治体職員　94
　2　京都における災害と自治体職員　95

目　次　11

3　２年連続の大規模水害を受けた福知山の経験から　96

4　災害時の自治体広域連携　97

Ⅲ　防災・減災のまちづくりへの課題　101

1　減災まちづくりと自治体の役割 …………………室崎益輝　103

1　防災行政大転換の方向性　104

2　減災の考え方と課題　106

3　危機管理の考え方と課題　109

4　コミュニティを基盤におく防災　113

5　減災まちづくりの必要性と可能性　115

6　地区防災計画の推進　117

7　自治体の責任と役割　120

2　避難所・避難生活の現状と課題 …………………塩崎賢明　123

1　防災と減災　124

2　関連死の多発　124

3　関連死の主な要因　126

4　避難所の現状　127

5　避難所の環境基準　128

6　イタリアの事例　129

7　内閣府ガイドラインと現場の実態　131

8　在宅被災者　134

9　避難生活の改善のために　137

10　今後の備え　138

3 災害時の公務・公共職場 …………………………有田洋明　141
　　──大阪府の対応をケーススタディとして
　1 災害時に対応すべき公務職場はどうなっているのか　142
　2 大阪における被害状況と災害時の対応　144
　3 災害対応をめぐる国と自治体、都道府県と市町村　150

I

豪雨災害のメカニズム

1

人間と災害の間合いを
地球温暖化はどう変えるか

寺尾　徹

1　「極端現象」とは何か

　2018年の夏は、記録的な豪雨や熱波、台風の襲来がつづきました。なかでも西日本豪雨は、200人を超える犠牲者を出す深刻な結果となりました。このようなことが続くと、地球の気候が大きく変わりつつあるのではないか、という思いを多くの方が持つのも当然なのかもしれません。特にその要因としてあらためて地球温暖化の問題が人々の意識に上り始めています。果たして地球温暖化はこれらの災害の原因となっていると言えるのでしょうか。

　西日本豪雨の特異性や地球温暖化の影響について検討する前に、「極端現象」というキーワードを手がかりに最近のいくつかの災害事例を振り返り、世界の事例にも触れながら、豪雨と災害、人間との関係について考えてみましょう。

　最近温暖化との関係で、極端現象という言葉が頻繁に取り上げられるようになってきました。地球温暖化に伴って雨は増えるのかどうか、議論がなされてきました。しかし、平均的な雨の降り方の変化も重要

ですが、頻度は少ないが大規模な災害を起こしうるような、非常に激しい現象がどのように増加しうるかに関連して、極端現象が注目されているのがこの数年の特徴です。IPCC（気候変動に関する政府間パネル）からは極端現象に限った報告書も出ています[1]。極端現象という言葉の定義もこの報告書に与えられており[2]、ある観測値について、過去に観測された最大値（あるいは最小値）に近い特定のしきい値を超える観測値が得られるような現象とされています。

　ここではまず、最近のいくつかの災害事例などを通して、大きな災害をもたらす豪雨は、こうした特定のしきい値を超える極端現象と関係が深いということをお示ししましょう。

2　災害をもたらす極端現象

1　2011 年台風 12 号による紀伊半島の豪雨

　2011 年 8 月 2 日から 4 日にかけて紀伊半島で台風 12 号による豪雨があり、多くの犠牲者が出ました[3]。この際、多くの観測地点で降水量の過去最高記録が更新されています。和歌山県で 12 カ所、奈良県では 5 カ所で更新があり、被害も集中しました。この事例の特徴は、72 時間という期間で積算した降水量の最高記録の更新が多く見られたことです。この積算期間は重要です。72 時間降水量で記録的であっても、例えば 24 時間降水量や 3 時間降水量は平凡な場合もあります。24 時間降水量や 3 時間降水量ではわからない、72 時間降水量なりの危険性が証明された、ということもできそうです。

2　2014 年広島豪雨

　2014 年には広島市内で豪雨による深刻な被害があったことは記憶に新しいところです[4]。気象庁は、レーダーとアメダス降水量を合成し

18　　I　豪雨災害のメカニズム

た解析雨量図（いわゆるレーダーアメダス）を作成しており、詳しい降水のパターンがわかります。8月20日に広島市を襲った豪雨を、西日本全体の気象庁解析雨量マップで見ると、朝鮮半島の南側の雨ばかり目立ち、かなり目をこらさないと広島の豪雨は見えないくらいです。この時の豪雨が極めて狭い地域に集中的に発生したことがわかります。

この時もやはり極値の更新があり、広島県の三入で1時間降水量の極値の更新がありました。この場合は1節の和歌山県の事例より時間スケールの小さな極値更新となりましたが、いずれも共通するのは、それまでの記録を大きく塗り替える強度の降水があったということです。

極端現象の定義の要点は、過去の観測値に見られる最大値に近いしきい値を超える現象、ということですから、これらの過去の観測の最大値を超える現象は立派な極端現象である、といえます。

極端降水現象、すなわちその地点におけるそれまでの記録を超えるような雨は、災害に結びつく危険があることが明瞭に表れている事例です。極端現象はそれぞれ3日間だったり、1週間だったり、あるいは1時間だったりという特徴的なタイムスケールを持っていて、それぞれに危険な要素を含んでいるということがわかります。例えば72時間の物差しではたいしたことはない雨であっても、1時間の物差しで豪雨となれば災害は起こりうるし、逆に1時間の物差しではたいしたことはない雨であっても、72時間の物差しでは危険な豪雨になり得るのです。

3 降水量と水害

四国を例にとって豪雨の発生頻度を調べるために、すべてのアメダス観測点について、過去30年間で1時間当たり50mmを超える降水が何回あったかを地点ごとに計算してみます。すると、豪雨は四国の南

表 1 - 1　中国四国地方各県の 1970 年から 2005 年にかけての
床下浸水件数[5]と県庁所在地の年降水量[6]

県	岡山県	広島県	徳島県	香川県	愛媛県	高知県
床下浸水（棟）	87,386	100,412	107,135	91,595	89,187	106,647
降水量（平年、mm）	1,105.9	1,537.6	1,453.8	1,082.3	1,314.9	2,547.5

側の斜面ばかりで頻繁に見られ、北側の斜面では回数が非常に少なくなります。さて、それでは、四国で危険なのは南側斜面なのでしょうか。しかし、以下にお示しするように、降水量の大小だけで危険性を判断することは適切ではないのです。極端現象と災害の観点から、正しく問題を理解する必要があります。

　中国四国地方の各県について、1970 年から 2005 年までの床下浸水の回数[5]を調べて、各県県庁所在地の同期間の平均年降水量[6]と合わせて表にしてみました（表 1 - 1）。降水量は県によって違います。高知県の高知市は県庁所在地では一番雨が降る所で、年 2500mm を超える雨が平均で降っています。一方で岡山県の岡山市や香川県の高松市は雨が少ないことで有名で、1000mm くらいの年降水量です。ところが床下浸水の件数の統計値は、長年平均すると各県ほぼ同じであることに気づきます。だいたい 10 万件弱で、人口や世帯数も大きくは違いませんので、人口あたり、世帯あたりでいっても、同じくらいの頻度があります。すなわち、年降水量が増えると床下浸水の件数も増えるとは限らないのです。その原因を明確に述べることは難しいのですが、おそらくここに、人と水の関係（間合い、と言い換えてもいいかもしれません）が現れているのでしょう。非常に雨が多い所ではそれなりの対応をするでしょうし、そうでない所はコストの高い対応はなされないでしょう。このように、降水量の大小は、直接その地点の災害の危険性を規定するのではないということがわかります。

20　Ⅰ　豪雨災害のメカニズム

4 災害事例＝2004年台風23号

　考えてみたい典型的な事例として2004年の台風23号を挙げたいと思います[7]。この年は10個くらいの台風が日本に上陸した奇妙な年でした。この台風23号は、日本を縦断することで、全国的に大きな被害を与えました。この時、私の大学のある高松市にもかなりの雨が降りました。日降水量210mmと、史上最高を記録し、案の定、市内にも大きな被害が出ています。

　この台風23号の被害の様子と降水の関係を気象庁の資料を使って考えてみます。

　台風23号による降水量を調べてみましょう。2004年10月18日から21日までの積算で雨が最もたくさん降った地点を都道府県別にあげていくと、多い方から順に徳島県、愛媛県、高知県、大分県、宮崎県にあり、500mmを超えた地点もあるほどです。ところが一方、被害者の数を見ると（表1-2）、この時に最も多くの被害を出したのは兵庫県であり、23人の方が亡くなっています。京都府でも大変な被害があって15人の方が亡くなっています。確かに、よく降水のパターンを見ると、京都北部、兵庫県などに350mmから400mmの地域があります。香川県でも10人の方が亡くなっていますが、降水量は250から300mm程度です。岡山県では日降水量は200mmに達していませんが、7人もの被害者が出ています。このように、被害が大きかった県は必ずしも降水量が多い県ではなかったことがわかります。では、被害の大きさと関係が深いのはどのような要因なのでしょうか。

表1-2 2004年台風23号の府県ごとの死者行方不明者数[7]

	県		数
1	兵	庫	23
2	京	都	15
3	香	川	10
4	岐	阜	8
5	岡	山	7
5	高	知	7

5　かつてない雨はどこに降ったのか

表1−3を用いて、被害が大きかった地域と雨量が多かった地域それぞれの降水量最高記録更新の様子を見てみます*6。

兵庫県は史上2位の降水を記録しています。京都北部においても同様で、香川県も降水量の最も多かった引田で史上2位。表には示していませんが、上で述べた通り高松では史上1位、岐阜県でも史上1位を更新した所があります。岡山県は玉野で164mmということで200mmにも至りませんでしたが、それでも史上2位となり大きな災害につながっています。

ちなみに、このときに雨量の多かった徳島以下の5県については、降水の最高記録の更新は愛媛県の富郷以外にはなく、徳島県では史上7位、高知県では6位、宮崎県は10位です。それまで経験した豪雨との関係では、必ずしも多いとは言えないものだったのです。

このように、その地域においてそれまで記録したことのない大雨が降ること、すなわち、極端現象の発現が重要であることがわかります。極端現象は、「ある観測値について、過去に観測された最大値に近いしきい値を超える現象」と定義されています。この「ある観測値」には、どの地点あるいは地域において観測されたものであるか、という属性が前提とされていることに注意してください。極端現象はその定義から、ある地域における過去の記録を塗り替える現象のことを指してい

表1−3　各地点のこの時の日降水量記録順位*6

被害の大きかった5府県				降水量が多かった5県			
府　県	地　点	降水量	史上順位	県	地　点	降水量	史上順位
兵　庫	洲　本	277	2	徳　島	福原旭	470	7
京　都	舞　鶴	309	2	愛　媛	富　郷	441	1
香　川	引　田	333	2	高　知	船　戸	426	6
岐　阜	六　厩	290	1	大　分	宇　目	352	4
岡　山	玉　野	164	2	宮　崎	神　角	368	10

22　　I　豪雨災害のメカニズム

るのです。地域の特性のことを忘れてはならない概念であることがわかります。同じ降水量でもある地域では極端現象になり得るし、違う地域では極端現象とはなりません。

6 世界の事例から

世界的にも同じような事例があります。

インドのラダック地方は雨が少ない地域です。ところが、2010年に大規模な土砂災害がありました。近くに設置されていた雨量計のその日の記録を調べると19.2mmしか降っていません[*8]。ここは普段は雨が降らない所なので、雨が降ることによって斜面の崩壊が比較的簡単に起こり被害を起こす。さらに塞がれた谷筋に上流から流れ込んできた雨水が溜まり、決壊することによって大規模な土石流となり、被害を拡大します。このときもたくさんの方が亡くなられています。20mm程度でもこのようなことが起こることがあるのです。

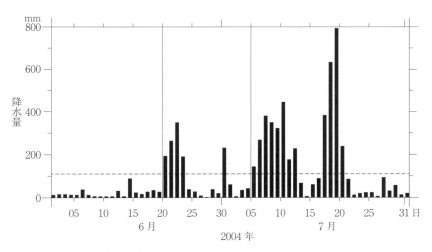

図1-1　インドメガラヤ州チェラプンジの2004年6月から7月にかけての日降水量。
出所：Murata et al. (2008)[*11] より一部加工。

1　人間と災害の間合いを地球温暖化はどう変えるか　　23

逆に同じインドの北東部にあるメガラヤ州チェラプンジという地点
は、世界の陸上で最も多い年降水量が記録されている場所です[*9·10]。平
年で1万1000mm の年降水量があり、最大2万4000mm という記録
があります。例えば、図1-1の2004年の日降水量の記録にあるよう
に[*11]、日降水量 100mm を超えるような雨はざらにあり、場合によっ
ては600mm、800mm という日降水量が何日も続いても、特に大きな
災害は起こらないという地域です。ある量の雨が降ったからといって、
災害が起こる訳ではありません。ここでもそれまで経験された降水の
レベルを超えているかが重要であることがわかります。

3　温暖化の進行で極端現象は増加するか

　さきほど、記録を更新するような現象＝極端現象が大きな災害に結
びつくことを示しました。ここでは、IPCC が温暖化との関係で極端現
象に警鐘を鳴らした理由を、IPCC 自身の作成した図を使って説明し
てみたいと思います。さらに、極端現象に対する温暖化の影響を考え
る際に重要となる、「再現期間」という考え方についてお話しし、2018
年の西日本豪雨の事例に即して考えてみましょう。

1　気候変動で増加する極端現象

　気候変動を図1-2a のような頻度分布のグラフで考えてみましょ
う[*12]。この図は気温の頻度分布として説明していますが、これを降水
強度の頻度分布だと考えてみます。図の横軸の中心あたりが普通の雨
に相当し、グラフの右の方にいくと強い降水現象を表し、頻度がだん
だん少なくなっていくことがわかります。大きな災害に結びつきやす
い極値を更新するような降水極端現象は、図の右端のあたりに位置す
る現象です。

24　　I　豪雨災害のメカニズム

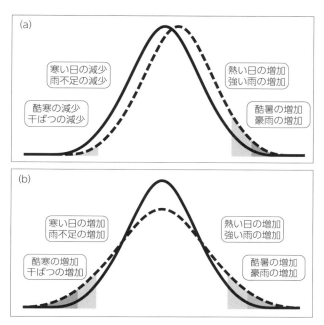

図1-2　気候変動で（a）平均的な気温が高い／雨が多い方向にシフトすると、
　　　（b）気温／雨の変動度が増加すると、それぞれ極端現象はどうなるか
出所：IPCC（2012）*12 より作成。

　この図では、実線で、現在の気候状態のもとでの降水強度の頻度分布を表します。さらに同じグラフを少し右にずらした破線を描いています。これは、温暖化が進行した将来の気候状態のもとでの、降水強度の頻度分布を表現したものです。雨の強さが強い方にシフトしたと考えていただいたらよいでしょう。右の端の方で、スミ網の部分を一般的な大雨の確率の大きさをあらわすものと考えてみましょう。実線が表す現在の気候状態のもとでの大雨よりも、破線が表す将来の気候状態の下での大雨の方が、確率が高くなっていることがわかります。
　さらに、図の右端のさらに濃いスミ網の部分を見てください。これを、記録的な大雨、すなわち降水極端現象の発生確率を表していると

考えてみましょう。濃いスミ網の部分の面積は、現在気候に比べて将来気候の方が大きくなり、確率が高くなっていることを示します。さらに、確率の増え方は、極端現象の方が一般的な大雨よりも激しくなっています。平均値がずれることで、極端現象が劇的に増える危険があるということです。

　しかし、この考え方は単純にすぎるかもしれません。気候変動の影響は、地域や季節によっては、雨や気温の変動度が増えるかたちで現れるかもしれません。このことを図示したのが図1-2bです。この図では、変動度が増えることを、グラフの左右のすそ野が広がる破線によって示しています。極端な降水や極端な猛暑がやはり増える可能性があります。さらにグラフの左側にもすそ野が広がってしまうため、極端な渇水や極端な寒さが増加する可能性すらあります。いずれにしても、気候変動との関係で、極端現象が大きく増加し、災害のリスクを増大させる可能性があることが懸念されます。

2　「再現期間」という考え方

　こうした極端現象の起こりやすさを考える際に役立つ考え方として、「再現期間」（あるいは「再起年数」などと標記される場合もあります）という概念があります。再現期間とは、あるしきい値を超える現象が何年に1回起こるものなのかを示すもので、これが小さくなれば小さくなるほど、現象が頻繁に起こることを意味しています。再現期間は、しきい値が極端に大きければ大きいほど長くなる傾向があります。すなわち、10年に1回起こる現象に比べて、100年に1回起こる現象は極端であり、より激しい現象です。

　再現期間はまた、その現象が1年間に発生する確率の逆数と捉えてもよいでしょう。例えば高松では、1941年から2012年までの72年間の観測期間の間に、日降水量が150mmを超えた回数は9回を数えま

26　　I　豪雨災害のメカニズム

す。すなわち、観測年数 72 を観測回数 9 で割ることで、再現期間は 8 年であることがわかり、その逆数 12.5% が 1 年間に 150mm を超える日降水量が発生する確率です。

先にも紹介した IPCC の 2011 年の報告書でも、地域によって傾向やばらつきに違いがあるものの、いずれも再現期間が短くなる傾向、すなわち降水極端現象が将来より頻繁に起こる可能性があることを示す結果が報告されています[13]。

本論の最終節でも、この再現期間を用いて西日本豪雨を評価してみます。

4　極端現象はすでに増加しているか

それでは、極端現象は近年実際に増加しているのでしょうか。降水量と台風を例にとって検討されている結果を示します。

1　最近豪雨頻度は増加している

アメダスの観測結果によって、最近の 30 年くらいの変化を見ると、強い雨の降る頻度は統計的に有意に増える傾向にあることが分かっています[14]。このように、極端現象は、増えている傾向にあると考えられています。

強い雨が増えているなら、一年間に降る雨も増えそうなものですが、おもしろいことにそうはなっていません。日本の年降水量についても調べられていますが、明瞭な変化は見られず、決して増加していません。すなわち、年間を通した降水量は変化していないが、それが短い期間に集中して降る傾向が強まっていることになります。

2 台風の発生数と強さの変化

　台風はどうでしょうか。2018 年には多くの台風がやってきたことから、最近台風が増えているという感覚を持たれる方も多いかもしれませんが、意外なことに台風の発生数についても、明瞭なトレンドはありません[15]。最近 50 年ほどのデータを見ても、発生数も日本にやってくる数も大きな変動はなく、数十年の周期で増えたり減ったりしている様子が見て取れます。私たちが経験の範囲で台風が増えていると感じる場合もありますが、この感覚は、数十年の周期の自然の変動の影響を見ている可能性もあるので注意が必要です。強い台風について調べても、はっきりしたものは簡単にはみられません。

　しかし、より詳細に台風の強さを解析すると変動が見られると報告された事例もあります。アメリカの研究者のウェブスター（Webster）が、全球的な熱帯低気圧（台風を含む）の強さについての解析をしました[16]。その結果、カテゴリー 4、5 という非常に強い台風に限って、最近増えているという解析結果となっています。ところが、これにはそうではないという解析もあって[17]、一筋縄ではいきません。温室効果ガスによる温暖化の効果とエアロゾルによる冷却効果が重なったり、台風の強さの推定の仕方が人工衛星の導入とともに変化するなど、解析するもととなるデータの質自体が変動していて、自然の変動の観測を難しくしていることもあるようです[18]。

　しかしながら、今後強い台風が増えるという予測が比較的優勢となっています。なぜなら大気中の水蒸気が増え、それが水に戻り雨となる際の凝結熱がエネルギー源となって台風が発生する。そうであれば、大気中の水蒸気が増えることで台風は強まると考えられるので、非常に強い台風が今後増えると考えられるからです。台風の中心から 100km の範囲での降水量も 10％ 以上増加すると考えられており[19]、台風に起因する降水極端現象の発生頻度を増加させるかもしれません。

5 広島豪雨を解析する

　豪雨の増加に迫っていくために、2016年の広島豪雨はどのような背景があって生じたのか、国立環境研究所の廣田さんらの研究[20]を元に考えてみたいと思います。

1 広島豪雨の背景

　図1-3aは、人工衛星から雨の降り方をとらえたものです。10kmほどのメッシュで、主にマイクロ波を使って毎時の推定降水量を得られるGSMaPというシステムを利用したもので、広島付近の降水量分布の観測値です。図1-3bは、水蒸気が多い所を濃い陰影で示しています。河南省の辺りに始まって南シナ海の端から日本を通って北東に伸びていく帯があり、広島付近の豪雨と対応しています。このように、水蒸気の多い所が帯状に連なって、熱帯から北の方に伸びてくることがあります。最近これも明瞭なシステムとしてとらえて Atmospheric River（大気の川／AR）と名づけられ、研究が発展しています。今回の広島豪雨では、この熱帯から伸びる水蒸気の帯（AR）が一つの要因となっているものと考えられます。

　さらに廣田さんたちは、広島豪雨のもう一つの要因として、上空の切離低気圧（cut-off low：COL）の存在を指摘しました。図1-3bの日本の南海上の太破線は、上空のCOLが日々少しずつ移動しながら日本付近に移動してきている様子を示しています。こうした上空のCOLが、太平洋の中部にある気圧の谷から切離して発生し、ふらふらと日本付近に移動してくることがあります。広島豪雨災害の際にはこうしたCOLが、日本付近まで接近していました。COLは上空に寒冷な空気をともなっているため、大気の状態が非常に不安定になります。さ

1　人間と災害の間合いを地球温暖化はどう変えるか　　29

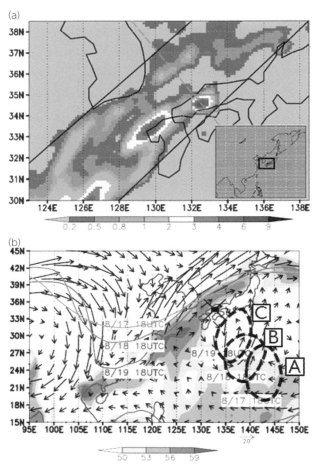

図1-3 a＝広島豪雨のあった際の人工衛星からの推定降水量プロダクトGSMaPによる、2014年8月19日の日本時間22時から翌20日9時までの平均降水量分布（mm毎時）。b＝可降水量（鉛直積算した水蒸気量）を陰影で示した。単位はmm。華南方面から日本にかけて伸びる湿った空気の帯、Atmospheric Riverを表している。矢印は250hPaの風向風速。太破線A～Cはそれぞれ、日本時間2014年8月18日、19日、20日の3時における250hPa等圧面上の高度1万970mの等高度線で、切離低気圧（COL）の位置を示す。

出所：Hirota et al. (2016)[20]より一部加工。

30　Ⅰ　豪雨災害のメカニズム

らに、上空に COL が近づいてくると、その前面に上昇流を引き起こしやすい、という傾向があります。

こうして廣田さんたちは、今回の広島豪雨に関して、二つの要因を見いだしました。一つは熱帯から伸びる水蒸気の帯（AR）、もう一つは、切離低気圧（COL）が近づいてきて、大気を不安定にするとともに、西日本で上昇流を引き起こしたことです。両方が同時に作用することによって、記録的な降水になったのです。

2　広島豪雨の要因を解析する

廣田さんたちはさらに、数値モデルを使うことにより、実際に起こった現象の要因を分解して解析しました。そして、AR、COL、日本列島の地形の三つの要素がすべて重なることによって、広島豪雨を数値モデルの中で再現できることが示しました。

この結果から考えると、AR や COL の日本付近での振る舞いや頻度の変化が、今後の日本各地の降水極端現象と関係するはずです。温暖化が例えば AR や COL の振る舞いにどういう影響を及ぼすのか、といった研究が進めば、広島豪雨災害のような現象が増えるのか、減るのかといった問題についても、より信頼の置ける回答ができるだろうと思われます。

3　極端気象の要因を解析する

AR の研究については、最近ようやくそれが重要だと認識されたところです。今は AR がいつどこにどれくらいあるのかきちんと調べる段階にあり、気候変動影響の評価には至っていません。

図1-4に、このような研究の事例を示します[21]。この図にあるように、水蒸気はまんべんなくやってくるのではなく、全体の中でほとんど10% くらいしかないような非常に狭い領域で帯のように北上して

1　人間と災害の間合いを地球温暖化はどう変えるか　31

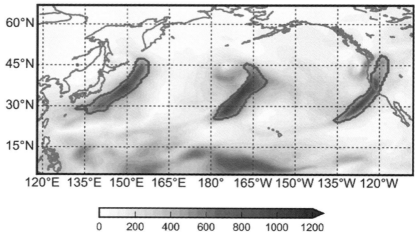

図1-4 ある時刻（2014年12月11日世界標準時18時）の鉛直積分した水蒸気輸送量。単位はkgm／s。太い実線で囲った領域にAR状の現象が認められる。
出所：Mundhenk et al.（2016）*21 より一部加工。

ARを形作っていることがわかります。日本付近では夏に多いことや、ほかの地域では夏でなくて冬に多いことなど、現在ようやく調べられている段階です。

　広島豪雨の際には、ARは日本付近で一定の頻度で起こる規模の現象であったのに対し、COLは例外的に強いものであったということも、廣田さんらによって解析されています。ここから考えると、切離低気圧の振る舞いもかなり重要で、その将来予測は極端現象の発現の今後の傾向を予測するために役立つと思います。

　広島豪雨の背景を最近の気象学はこのようにとらえています。極端現象の要因の変化を解析し予測することによって、将来の極端現象の増減について、より信頼できる根拠に基づいて議論できるようになるでしょう。

32　Ⅰ　豪雨災害のメカニズム

6 極端現象の原因は地球温暖化なのか

　集中豪雨などがあると、それが温暖化のせいかどうかについて、私も人々から質問されます。これまで私は、これらの現象は確率的に起こるものであり、ある特定の、例えば広島豪雨のような個々のケースが温暖化のせいかどうかについては、何も言うことができない、という言い方をしてきました。

　ところが最近、それではいけない、と主張する論文がでました[*22]。「個々の極端現象については地球温暖化の影響によるかどうか述べることはできない。ただし、そのような極端現象は今後増えるだろう」というよくある言説は誤りである。なぜなら、最近の多くの極端現象について、確率的な方法によって気候変動の影響について多くのことを明らかにすることができるから、というのです。つまり、気候モデルの力を借りることにより、個々の極端現象についても、温暖化が作用しているのか、別の要因によるものなのかについて、診断が可能な場合があるというのです。

　このような研究は、2003年のヨーロッパの熱波をきっかけに始まりました。こういった研究が今後増えてくると思います。これらの研究が十分な成果をあげていると評価できるようになると、私も今後は言い方をかえなくてはいけないかもしれません。個々のケースについても、地球温暖化が要因であるかどうか、明らかにできるのだ、と。そういう方向で現在研究が発展していることも一言触れておきます。

7 極端現象はなぜ増えるのか——豪雨が増えるメカニズム

　なぜこのように降水の極端現象が増えるのか。これは大気中の水蒸

1　人間と災害の間合いを地球温暖化はどう変えるか　　33

気の量と関係しています。中学校で習いますが、気温が上がると飽和水蒸気量も増加します。そうすると大気中の水蒸気量そのものが増えていく傾向にあります。実際、相対湿度については気候の変動があってもあまり変わらないことが経験的にわかっているため、気温の変化とともに大気中の水蒸気量は飽和水蒸気量曲線に従って増減すると考えられるのです。

　上空の水蒸気の量を私たちは「可降水量」と呼んでいます（図1−3b にもでてきました）。上空の水蒸気がすべて雲になり、雨となって落ちてくるとどれくらいの水の量となるか、を表わす量です。夏にはだいたい 40mm くらいの雨を降らせるぐらいの水があります。すなわち、可降水量は 40mm 前後です。発生から消滅まで約 1 時間の寿命を持つ背の高い積乱雲は、上空の水蒸気をどんどん水に変えて、最大約40mm の雨を降らせます。それくらいの量の水が上空にあります。

　これは季節によって違っていて、気温の低い冬はやはり少なくなる傾向があり、夏になると増えます。上空にある水蒸気の量は、当然ながら雨の量と直接的に関係がある重要な量です。

　可降水量の将来予測によると、地球上ほとんどの地域で増加が予想され、日本もだいたい 30％ くらい増えると予想されます。上空にある可降水量が 30％ 増えるわけですから、雨も 30％ 増えて 40mm でなくて 50 数 mm になります。

　水蒸気の凝結は台風のエネルギー源でもあります。台風に与えられるエネルギーも水蒸気の量とともに増加することを考慮すると、温暖化すると台風も強くなると考えられます。

8　災害との間合いをはかる

　災害の発生に対して非常に重要なのは、これまでその地域では起こ

らなかったような雨が降る現象、すなわち降水極端現象であることが、さまざまな事例でわかります。われわれは歴史的に、過去の経験的な降水特性に適応した災害に対する備えを発展させてきました。極端現象はこういった地域によって異なる備えを上回る現象です。

　この降水極端現象は増加傾向にあることがいろいろな事象から明らかになっています。さらに、地球温暖化にともなう気候変動によって、極端現象が今後さらに増加することが懸念されています。

　2018年最大の災害の原因となった西日本豪雨は[23]、これまで議論してきた極端現象の一つであることは、疑問の余地なく明らかです。岡山県と広島県では、アメダスで見るとそれぞれ76%、70%の観測点で過去の48時間降水量を更新しました。深刻な被害に見舞われた広島県の呉のアメダスは、48時間降水量402mmを記録し、これまでの記録（260mm）を一気に50%以上塗り替えました。1時間、3時間等の評価期間では極端現象とはいえなくとも、48時間の時間スケールではかつてない雨が降ったと言えます。また、東京大学の芳村さんらが緊急にまとめた報告書「平成30年7月豪雨に関する資料分析」[24]は、高梁川水系などでは評価時間24時間で再現期間500年を超える降水量が記録されていたことを突き止めました（図1-5）[25]。また、県内の観測を積算することにより、広島県は再現期間500年を超える、岡山県は再現期間100年を超える極端現象であったことも明らかとなりました。ある面積を持った流域や地域における降水量を考慮することにより、流域・地域レベルでは途方もない極端現象となり得ることを示しています。

　この現象が地球温暖化という人為的な影響によるものなのかどうかに関する検討は今後の研究に待たなければなりません。また、災害の背景には極端現象の発現だけに帰することのできない社会的な要因が潜んでいることもまた、軽視できません。ダム操作とそれに対する行

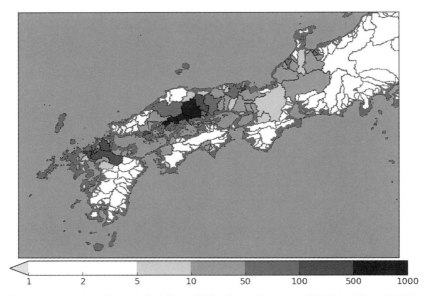

図1-5 2018年7月西日本豪雨時の、流域ごとに平均した24時間最大雨量の再現期間（年）。
出所：芳村ら（2018）*25 より一部加工。

政・自治体や住民の対応、避難誘導体制、日常的な防災に対する備えのいっそうの充実など、人間社会の構えを整えることで今後の減災につながる教訓の数々を見いだすこともできると思います。

　いずれにせよ、西日本豪雨のような極端現象はさまざまな形で今後も日本を襲う可能性が高いです。一方で西日本豪雨は、人知はこうした極端現象において発現しうる災害を軽減するような能力を持っていることも同時に示していると感じます。地球温暖化のもとで災害と人との間合いが変わりつつあるいま、災害の教訓に学び、地域ごとの特性を考慮した対策を検討しバージョンアップすることが重要です。

参考文献

1 IPCC: Special Report on Managing the Risk of Extreme Events and Disasters to Advance Climate Change Adaptation（邦題：気候変動への適応推進に向けた極端現象及び災害のリスク管理に関する特別報告書）。582 頁、2012 年。

2 前掲 1、5 頁。

3 気象庁：災害時気象速報平成 23 年台風第 12 号による 8 月 30 日から 9 月 5 日にかけての大雨と暴風。災害時自然現象報告書、2011 年第 1 号、9 頁、2011 年。

4 気象庁：災害時気象速報平成 26 年 8 月豪雨。災害時自然現象報告書、2014 年第 4 号、186 頁、2014 年。

5 総務省統計局：都道府県別自然災害発生状況（昭和 45 年〜平成 17 年）。総務省統計局ウェブサイト、統計データ、日本の長期統計系列、第 29 章「災害・事故」、https://www.stat.go.jp/data/chouki/29.html、2018 年 12 月 12 日閲覧。

6 気象庁：過去の気象データ検索。気象庁ウェブページサイト、各種データ・資料、https://www.data.jma.go.jp/obd/stats/etrn/index.php、2018 年 12 月 12 日閲覧。

7 気象庁：災害時気象速報平成 16 年台風第 23 号及び前線による 10 月 18 日から 21 日にかけての大雨と暴風。災害時自然現象報告書、2004 年第 6 号、気象庁、64 頁、2004 年。

8 谷田貝亜紀代・中村尚・宮坂貴文：ラダーク気象観測—通年データと 2010 年 8 月洪水時の状況—。ヒマラヤ学誌、No.12、60-72 頁、2011 年。

9 木口雅司・沖大幹：世界・日本における雨量極値記録。水文・水資源学会誌、Vol.23、231-247 頁、2010 年。

10 Jennings, A. H.: World's greatest observed point rainfalls. *Monthly Weather Review*, Vol. 78, pp. 4-5, 1950.

11 Murata, F., T. Hayashi, J. Matsumoto, and H. Asada: Rainfall on the Meghalaya plateau in northeastern India — One of the rainiest places in the world. *Natural Hazards*, Vol. 42, pp. 391-399, 2008.

12 前掲 1、41 頁。

13 前掲 1、145-146 頁。

14 気象庁：大雨や猛暑日など（極端現象）のこれまでの変化。気象庁ウェブサイト、各種データ・資料、地球環境・気候、https://www.data.jma.go.jp/cpdinfo/

extreme/extreme_p.html、2018 年 12 月 17 日閲覧。

15　気象庁：台風の変動。気候変動監視レポート 2017、第 2.4 節、43 頁、2018 年。

16　Webster P. J., G. J. Holland, J. A. Curry, and H.-R. Chang: Changes in tropical cyclone number, duration, and intensity in a warming environment. *Science*, Vol. 309, pp. 1844-1946, 2005.

17　Klotzbach, P. J., and C. W. Landsea: Extremely intense hurricanes: Revisiting Webster et al. (2005) after 10 years. *Journal of Climate*, Vol. 28, pp. 7621-7629, 2015.

18　Sobel, A. H., S. J. Camargo, T. M. Hall, C.-Y. Lee, M. K. Tippett, and A. A. Wing: Human influence on tropical cyclone intensity, *Science*, Vol. 353, pp. 242-246, 2016.

19　Knutson, T. R., J. L. McBride, J. Chan, K.Emanuel, G. Holland, C. Landsea, I. Held, J. P. Kossin, A. K. Srivastava, and M. Sugi: Tropical cyclones and climate change. *Nature Geoscience*, Vol. 3, pp. 157-163, 2010.

20　Hirota, N., Y. N. Takayabu, M. Kato, and S. Arakane: Roles of an atmospheric river and a cutoff low in the extreme precipitation event in Hiroshima on 19 August 2014. *Monthly Weather Review*, Vol. 144, pp. 1145-1160, 2016.

21　Mundhenk, B. D., E. A. Barnes, and E. D. Maloney: All-season climatology and variability of atmospheric river frequencies over the North Pacific. *Journal of Climate*, Vol. 29, pp. 4885-4903, 2016.

22　Easterling, D. R., K. E. Kunkel, M. F. Wehner, and L. Sun: Detection and attribution of climate extremes in the observed record. *Weather and Climate Extremes*, Vol. 11, pp. 17-27, 2016.

23　気象庁：平成 30 年 7 月豪雨（前線及び台風第 7 号による大雨等）。災害をもたらした気象事例、53 頁、2018 年。

24　芳村圭、他 21 名：平成 31 年 7 月豪雨に関する資料分析。東京大学ウェブサイト、http://hydro.iis.u-tokyo.ac.jp/Mulabo/news/2018/201807_NishinihonFlood Report_v01.pdf、2018 年 10 月 23 日閲覧、2018 年。

25　前掲 24、8 頁。

本稿は、2017 年 6 月 17 日に京都市で行われたシンポジウム「気象変動と豪雨災害」（主催：大阪自治体問題研究所・建設政策研究所関西支所・国土問題研究会）

での講演内容をもとにまとめた「極端気象の発生傾向と災害」（『国土問題』80 号、
国土問題研究会、2018 年所収）を、大幅に整理・加筆したものです。

2

日本の地質・地形の特質がもたらす
西日本豪雨の災害

田結庄良昭

はじめに

　2018年の西日本豪雨により210人を超える多くの人が犠牲となりました。未曾有の豪雨が今回の被害をもたらした主な要因ですが、被災地が日本の地質や地形の特質から豪雨に弱い地域だったことも大きく関与しています。西日本、特に広島県やその周辺は、日本列島の中でも花崗岩が最も広く分布し、しかも、断層に沿って急斜面や谷などが発達したところが多いのです。そのため、脆い花崗岩山地に急峻な斜面が分布し、崩れやすく、急勾配の河川が多く分布し、土石流が発生しやすいのです。さらに、被災地は山際の谷出口の扇状地や川が合流する氾濫低地を開発したところが多く、もともと土砂災害や洪水の危険性が高いところだったのです。神戸市や広島市では、都市の発展に伴い、災害危険の高い所にも市街地を作り、防災が軽視された都市開発が行われています。この報告では、日本の地質・地形の特質がもたらした西日本豪雨災害、特に被害者の多かった土石流に注目して報告するとともに、それに備える態勢である土砂災害警戒区域についても

触れます。

1　土石流被害が多かった西日本豪雨災害

　国土交通省砂防部の2018年7月18日発表では、土砂災害で約100人の方が犠牲となり、そのうち68人が広島県で最も多く、その内訳は土石流で57人、斜面崩壊で11人と、多くが土石流で犠牲となっています[*1]。総務省消防庁災害対策本部の8月8日発表では、31都道府県で計1044件の被害があり、死者は221人に達しています[*2]。被災の原因別では、土砂災害が125人で最も多く、洪水の82人を上回っていま

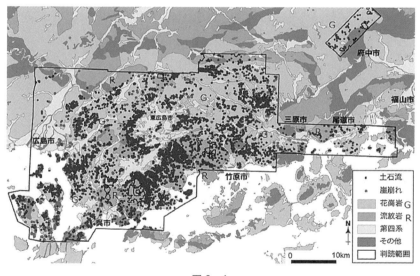

図2-1

斜面崩壊発生地点と地質の関係。黒点が土石流および崖崩れ、薄い暗色が花崗岩（G）で、濃い暗色は流紋岩質溶結凝灰岩（流紋岩）（R）を示す。崩壊箇所の大部分は花崗岩地帯で、一部流紋岩質溶結凝灰岩からなることを示している。
出所：広島大学平成30年7月豪雨災害調査団（地理学グループ）（2018）[*3]にGとRを加筆、地質図資料は産総研地質調査総合センター、20万分の1日本シームレス地質図（https://gbank.gsi.jp/seamless）による

2　日本の地質・地形の特質がもたらす西日本豪雨の災害　　41

す。なお、広島大学豪雨災害調査団（2018）[3]は、航空写真の解析から、広島県での斜面崩壊発生地点は7448か所と数多く発生し、そのうち土石流の発生源となった崩壊が6852か所、崖崩れが596か所と発表し、多くが花崗岩地帯であるとしています（図2−1）。また、花崗岩と同じマグマ由来の流紋岩質溶結凝灰岩でも斜面崩壊が生じたことを示しています。溶結凝灰岩は節理（方状の割れ目）が発達し、結晶質のものは風化しやすいのでしょう。このように、今回の西日本豪雨では土石流により、犠牲となった方が多かったのです。

2　西日本の地質や地形の特質がもたらす豪雨災害

　日本列島は、安定な大陸地帯と違って変動帯に属し活断層も多く、さらに、西日本では六甲山に代表されるように、約7000万〜8000万年前の白亜期末の花崗岩や流紋岩質溶結凝灰岩が多く分布しています。特に、広島県やその周辺は、日本で最も多く分布しています。また、西日本、特に近畿地方には六甲山や生駒山など、約100万年前から六甲変動と呼ばれる逆断層運動により隆起した山地が多くみられます。

　広島県など中国地方でも、準平原状の山地が分布しており、隆起して山地となっており、さらに、中国山地と平行な階段状地形が発達しています[4]。瀬戸内や島嶼部は、これら山地の延長部にあたるところで、急峻なところが多いのです。また、山地には網状に交差する断層に沿って急斜面や谷が発達しているのも特徴です。そして、断層の発達と浸食作用の影響により、渓谷や断層谷の発達が著しく、さらに、階段状地形が海岸部まで達しています。土石流が多発した広島県坂町などがその代表です（図2−2）[5]。隆起の要因として、近畿地方は長期間の東西圧縮により基盤の岩盤が圧縮された結果、岩盤は塑性変形し、膨らんだ部分が六甲山など山地なのです[6]。広島の山地も東西圧縮場に

42　　I　豪雨災害のメカニズム

あったのです。このように、被災地の多くは、斜面崩壊が起こりやすい急峻な斜面が発達し、しかも脆い風化花崗岩からなるため、土砂災害に弱い地域なのです。

花崗岩にはマグマ冷却時の収縮や断層により節理と呼ばれる方状の割れ目が発達しています。その上、断層による破砕帯が形成され、岩石にはひび割れが発達し、そこを

図2-2
広島県坂町の地形と土砂災害箇所。斜面崩壊箇所（黒丸）の始点から土石流が流れた到達点までが（太線）で示されている。土石流は急峻な斜面と谷が発達しているところで生じている。
出所：国土地理院（2018）「平成30年7月豪雨に関する情報」*5

雨水が容易に浸透し、風化作用がより深部まで進行しており、厚い砂状のまさ土に覆われています。

まさ土の形成に関しては、花崗岩は石英、カリ長石、黒雲母、斜長石からなりますが、その中の黒雲母や斜長石は水と容易に反応し、粘土鉱物に変わっていくので、花崗岩の鉱物間の結びつきが弱くなり、簡単に砂状となるのです。このまさ土は粗いため、水を通しやすく地下に簡単に浸透し、その量が限界を超えると、排水ができなくなり、その結果、まさ土と岩盤の不連続面をすべり面とする斜面崩壊が生じやすく、表土部分が簡単に崩れるのです。これが、表層崩壊です。広島県や周辺で斜面崩壊が多いのは、この表層崩壊によっています。

河川が山地から平地への出口では土砂がたまる堆積地形、すなわち扇状地をつくります。日本のような山国では、山麓には多数の扇状地が見られます。特に、河川の中流域に見られる盆地では、急峻な山地

2　日本の地質・地形の特質がもたらす西日本豪雨の災害　　43

から盆地に流入する河川に扇状地が発達する場合が多く、そこが住宅地となっています。扇状地は河道が変わりやすいため、災害の発生する場合が多く、洪水を防ぐため、川の両岸に堤防を作って河道を固定せざるを得なくなり、そこに山地から流れた土砂が河道内に堆積するので、河床が周辺より高くなる天井川を形成することが多くなり、堤防が決壊すると大きな被害となるのです。今回の豪雨でも堤防決壊で一気に浸水したのは、このような地形も関係しています。

3　土石流のメカニズムと恐さ

　土石流とは水と土砂、石れきが混ざって一体となり、生コンのような状態となり、河床堆積物を削りながら高速で流れ下る密度流です。時速は 20〜40km と速く、一瞬で人家などを破壊します[7,8]。さらに、土石流は水と土砂・巨れきの混合物の流れで、巨れきが集まった先端部を持っており、これが高速で流れ下るため、大きな破壊力となり、甚大な被害をもたらします。巨れきはどこから来るのでしょうか。山腹の花崗岩には、幅 3〜4m の方状の割れ目があり、その割れ目に雨水が浸みこみ、表面から風化しますが、割れ目内側は風化せず硬い岩石（玉石・コアストーン）として残ります。斜面崩壊では、このまさ土と玉石が混在したものが崩壊物として谷に流出し、土石流となり、この玉石が家屋破壊を起こすのです。例えば、広島県熊野町では、土石流で 2m を超える巨石が流れ込み、家屋破壊を起こし、甚大被害となっています[1,5]。

　なお、土石流の発生にはさまざまな要因があります。多いのは、山腹の斜面崩壊が引き金となり、それら崩壊土砂がそのまま谷を流れ下り、土石流となる場合ですが、そのほかに、大雨で河川に堆積した土砂が一気に運ばれ土石流となるほか、崩壊物が川をせき止めた土砂ダム

44　　I　豪雨災害のメカニズム

が決壊し、土石流となる場
合などがあげられます[7,8]。
発生した土石流は渓床勾
配(川底の傾き)の角度に
影響され流下します。通
常、土石流は渓床勾配が20
度以上の山腹や沢沿いで発
生し、流下します。そして、
渓床勾配が10〜3度のとこ
ろで堆積します。まさ土を
主体とする土砂は、粒が細

図2-3
広島市安芸区矢野東の空中写真(7月11日撮影)。花崗
岩の谷頭部が崩れ土石流となり谷出口の住宅街を襲った。
出所:国土地理院(2018)「平成30年7月豪雨に関する
情報」[5]

かく、粘性が低いので遠くまで流れやすいので、大量の土砂が遠方ま
で流れ下るため、多くの家屋が被害に遭ったのです。広島県坂町の小
屋浦地区は、海の近くまで山が迫り、天地川沿いに多くの方が暮らし
ていましたが、土石流が発生し、集落を襲い、15人もの犠牲者がでま
した(図2-2)[1,5]。このように、土石流の堆積区間は大きな被害を受
けます。広島市安芸区矢野東の住宅も土石流堆積区間である谷出口を
開発したところで(図2-3)[1,5]、花崗岩の谷頭部が崩壊して、土砂が
谷に流出して土石流が発生し、5人が犠牲となりました。

斜面崩壊(崖崩れ)は、一般に大雨で雨水が地下に浸透し、土砂や
岩石の強度が低下して生じます。斜面がまさ土からなっていると、表
層崩壊が簡単に生じます。崩壊土砂はおおよそ崖の高さの2倍程度ま
で押し寄せるので、家屋を崖から離すことが大切です。兵庫県宍粟市
では、花崗岩からなる斜面が崩壊し、崖下の家屋を押しつぶし、1人
が犠牲となりました[1]。東広島安芸町木谷では、家屋が土砂に押しつ
ぶされ3人が生き埋めとなりました。また、松山市の離島、怒和島で
は、住宅の裏山が崩れ1棟が倒壊し3人が死亡しました[1]。いずれも

2 日本の地質・地形の特質がもたらす西日本豪雨の災害 45

崖直下に家屋がありました。愛媛県宇和島市では多くの斜面崩壊が生じ、土砂が家屋に流入したほか、ミカン畑が崩れ、農家に深刻な被害を与えました。

4　土砂災害の危険をどう察知するのか

　土石流は一般的には降り始めから100mmを超え、1時間に20mm以上の強い雨が降ると起こりやすくなります。前兆現象として、川が水だけでなく、土石の流れや倒木が山のように流れると、山腹の崩壊土砂の流下を暗示しています。また、川がいままで増水していたのに急激に減少すると、土砂ダムができたことを示し、決壊すると土石流となります。また、川の水が真っ赤になったりしたときは、土砂流出が起こっていることを示しており、土石流が生じる前兆現象であり、注意を要します[7]。

　斜面崩壊の前兆としては、斜面の上方に亀裂や段差が生じた場合があげられます。そして、斜面の滑りがすすむと、斜面のはらみがでてきます。これは、斜面が前にせり出したことを示しており、亀裂が開いて水がしみ込み、地盤が押し出されているのです。なお、斜面下部で湧水が濁るようになったら、非常に危険で、斜面の土砂が流出してきており、崩壊の始まりです。さらに、崩れる直前に、小石が落ちてくる場合もあります[7]。降雨の関係では前日までの降雨がない場合、当日の雨量が100mmを超えた時崩れやすくなり、さらに時間雨量が30mmを超えると、より危険な段階となります。気象庁の発表では、今回の豪雨で広島県では48時間雨量が400mmを超え、この長雨の末期に時間50mm以上の豪雨となり、多くの土砂災害が生じています。対策工としては斜面を抑える抑止工があります。地盤に長い鋼棒を安定地盤まで打ち付けるアンカー工が主で、崩れ落ちようとする土砂を抑えま

す。また、擁壁（壁状に土留め構造物を連続して設ける）工は土砂が崩れないように抑えられるので、良く用いられ、崩壊規模が小さければ擁壁工だけの場合も多くあります。

5　洪水被害と課題

　岡山県倉敷市真備町地区は、小田川と高梁川との合流点近くで、甚大な被害となりました。中国地方整備局岡山河川事務所によると、小田川は川幅の広い高梁川との合流地点付近で流れが弱まるうえ、合流付近が湾曲しているため、水位があがりやすいバックウオーターが生じ、甚大被害になったとしています[*1.5]。この付近は、たびたび洪水被害に遭ってきましたが、河川拡幅や堤防の強下、遊水池の整備など河川管理の遅れがめだちます。国土交通省は、合流点を現在の場所から4.6km 下流に移し、小田川の水位を下げる工事を 2014 年度に事業化、2018 年の秋には川幅拡大工事、2019 年から整備を本格化する予定でした。治水事業での堤防強化などは、完成しないと効果があがらないのです。河川整備計画は長期にわたる傾向があるので、安全に係わる防災施設については、予算の執行とともに、早急な工事完成で、着実に安全度を高めることが必要です。

　また、今回甚大被害にあったのは河川合流部の堤内低地で、もともと氾濫が生じやすいところですが、次々と家屋が建ち、住宅街が拡大していったのです。氾濫危険地の土地利用抑制についても今後検討すべきでしょう。

6　ダム操作と洪水被害

愛媛県の肱川では洪水により家屋が浸水し、9 人が亡くなるなど大

きな被害が生じました。そこでは、上流のダムからの計画放流量を超える放流も水害を大きくさせた要因と思われます。豪雨により流量が急激に増加した結果、7月7日に国土交通省は、野村ダムと鹿野川ダムで流入量と同量の水を放流する「異常洪水時防災操作」を行いました。この操作は、ダムが決壊し、水が一気に流れるのを避けるのが目的ですが、放流直後に下流で浸水が起きました[*5]。愛媛県大洲市下鹿野地区の鹿野川ダムは、安全とされる基準の6倍の水量を放流し、そのふもとでは堤防から水が溢れ家屋浸水が生じ、4人が亡くなりました[*9]。また、野村ダムのある西予市でも、放流量が最大の毎秒1797トンになり、5人の死者が出ました。ダム操作規則に定められた事前放流をどのように行ったのでしょうか。野村ダムの事前放流は7月5日の1270万トンの貯水量のうち、約600万トンでした[*9]。この事前放流量で本当によかったのでしょうか。実は、ダムの放流による洪水の拡大については、2011年の紀伊半島豪雨水害など枚挙にいとまがなく、特に、多目的ダムで多発しています。国土交通省四国地方整備局は7月11日の会見で、雨量が想像を超えており、今回のダム操作は適切との認識を示しました。今後、ダム管理の透明化、住民へのダム放流情報伝達の徹底、事前放流の厳格化など多くの改善が求められます。

7 土砂災害警戒区域と問題点
——開発に防災が追いつかない

今回の西日本豪雨では、神戸市の篠原台や広島市の安佐北地区などのように、多くの土砂災害警戒区域で被害が生じました。2000年に「土砂災害警戒区域等における土砂災害防止対策の推進に関する法律」、通称、土砂災害防止法が制定されました[*10]。この法律は、ハード面よりソフト面に重点おいており、土砂災害から国民の生命および身体を

保護することを目的としています。この法律で土石流については、土石流が堆積するところが最も危険なので、渓流出口の扇頂部から下流で、土地勾配が2度以上の区域を土砂災害警戒区域（土石流）（イエローゾーン）としています（図2-4）[*10]。そこでは、土砂災害発生の恐れがある区域を明らかにし、**警戒避難体制の整備を行う**（市町

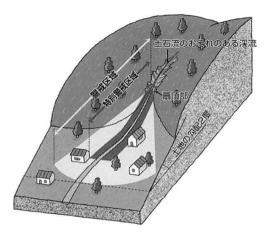

図2-4
土砂災害警戒区域（土石流）の模式図。谷出口の扇頂部から傾斜2度までが警戒区域（白色部）となり、川筋低地（暗色部）は特別警戒区域となる。
出所：国土交通省（2018）「土砂災害防止法の概要」[*10]

村の義務）とされていますが、開発や建築物の規制はありません。一方、川筋の低地は土石流が襲う可能性が高く危険なので土砂災害特別警戒区域（レッドゾーン）となり（図2-4の川筋低地沿いが該当）、家を建てる場合は都道府県知事による開発の許可や建築構造物の規制などの制限があり、時には移転勧告の対象にもなります。なお、上流の土石流の発生や流下するところは、土石流危険渓流としています。

　斜面崩壊を見ると、土砂災害警戒区域（急傾斜地の崩壊）の指定は、斜面の傾斜が30度以上、高さが5m以上で、急傾斜地の上端から水平距離が10m以内の区域、急傾斜地の下端から急傾斜地高さの2倍以内の区域が指定されます。崖直下は土砂災害特別警戒区域となります。

　今回、土石流に襲われた神戸市篠原台は谷出口の扇頂部付近にありますが、特別警戒区域ではなかったので、開発されたのです。兵庫県では2万を超える土砂災害警戒区域がありますが、神戸市では北区を

除いて、土砂災害特別警戒区域はほとんどありません。住民の合意が難しいのです。このようなケースは、広島市安佐南区や安佐北区など今回の豪雨災害の至る所で見られました。土砂災害防止法は、ハード面より国民の生命および身体を保護するソフト面に重点おいています。したがって、土砂災害の防止工事などハード面はこれまでの砂防三法と呼ばれる「砂防法」「地すべり等防止法」「急傾斜地の崩壊による災害の防止に関する法律」によっています。しかし、これら法律も盛土などの行為の制限はありますが、開発立地の規制にはなっていません[11]。さらに、小規模開発には許可制度が適用されません。なお、開発行為を規制する法律としては、乱開発防止するため、1961年には宅地造成規制法が制定され、1969年には急傾斜地の崩壊危険区域の指定をおこない、開発の制限を定めましたが、開発立地規制まで踏み込んでおらず、開発が進行しています[11]。

　国土交通省によると、土砂災害警戒区域（特別警戒区域も含む）は、全国で約66万か所以上もあり、最も多いのが、広島県の約4万9500か所で、花崗岩が多く分布する西日本の府県はいずれも多いのです。国は2019年度末までに基礎調査を終えるとしていますが、しかし、これまで基礎調査を終えたのは2018年3月末で22府県に過ぎません。特に、特別警戒区域の指定は遅れています。早急な調査終了と住民への危険箇所周知の徹底が求められます。

おわりに

　西日本豪雨により被災したところは、脆い花崗岩や隆起山地など、地質や地形の特質から豪雨に弱い地域でした。特に、花崗岩が多くを占める広島県で甚大被害となりました。これら地質や地形の特質から土砂災害が生じる機構を科学的に検証し、その教訓を受け継ぐ必要が

あります。さらに、被災地は山際の谷出口など災害に弱い地域を開発したところが多く、危険地の開発が被害をさらに大きくしました。神戸市は「山、海へ行く」神戸型開発を行い、広島市も開発を行っています。これら山麓開発により土砂災害警戒区域など危険地域と住宅地が隣接する状況が増加しています。そのため、砂防ダム建設など防災が開発に追いつかず、危険箇所は増え続けています。同じことは全国でも生じています。国は危険箇所の開発を規制する新たな法律の整備や防災省の設置も含め真摯に災害に備えるべきです。それが、西日本豪雨災害の教訓です。

文献・資料（URL 最終確認 2018 年 8 月 15 日）

1　国土交通省水管理・国土保全局砂防部（2018）「平成 30 年 7 月豪雨による土砂災害概要（速報版）」。
　　http://www.mlit.go.jp/river/sabo/H30_07gouu.html
2　総務省消防庁 災害対策本部（2018）「平成 30 年 7 月豪雨及び台風第 12 号による被害状況及び消防機関等の対応状況について（第 53 報）」。
　　http://www.fdma/go.jp/bn/
3　広島大学平成 30 年 7 月豪雨災害調査団（地理学グループ）（2018）「平成 30 年 7 月豪雨による広島県の斜面崩壊分布図、2018 年 7 月 24 日」。
　　http://ajg-disaster/blogspot.com/
4　東元定雄、松浦浩久、水野清秀、河田清雄（1985）呉地域の地質、地域地質研究報告（5 万分の 1 地質図幅）地質調査所、93 頁。
5　国土地理院（2018）「平成 30 年 7 月豪雨に関する情報」。
　　http://www.gsi.go.jp
6　藤田和夫（1983）『日本の山地形成論──地質学と地形学の間』蒼樹書房、466 頁。
7　地質ボランティア（1995）『あなたもできる地震対策』せせらぎ出版、68 頁。
8　今村遼平（1985）『安全な土地の選び方』鹿島出版会、270 頁。
9　朝日新聞 8 月 4 日記事（波多野陽、竹野内崇宏、大川洋輔記者）「緊急放流迫る濁流」。

10 国土交通省（2018）「土砂災害防止法の概要」
http://www.mlit.go.jp/river/sabo/sinpoupdf/gaiyou.pdf
11 釜井俊孝、守随治雄（2002）『斜面防災都市』理工図書、200頁。

II

現場で何がおきていたのか

1

岡山県

防げたはずの豪雨災害

磯部　作

1　岡山県における西日本豪雨災害の状況

　2018年7月初旬の西日本豪雨災害では、1959年の伊勢湾台風や1961年の第二室戸台風、1976年には台風による水害などがあったにもかかわらず、岡山県知事などが「晴れの国」、「災害が少ない」と宣伝してきた岡山県において甚大な被害が発生しました。

　西日本豪雨災害による岡山県内の被害は、10月10日現在、人的被害は、死者は61人、行方不明は3人、住家被害は、全壊が4822棟、半壊は3081棟、一部損壊は1111棟、床上浸水2921棟、床下浸水は6037棟でした。非住家被害も発生しています。被害は、岡山県西部を流れる高梁川流域の市町村を中心に岡山県内の27市町村すべてに及んでいて、死者や行方不明などの人的被害があったのは、倉敷市の52人をはじめ、総社市や井原市、高梁市、笠岡市などです。農業被害など産業の被害も甚大です。

　倉敷市真備町は、南流する一級河川の高梁川に東流する支流の小田

55

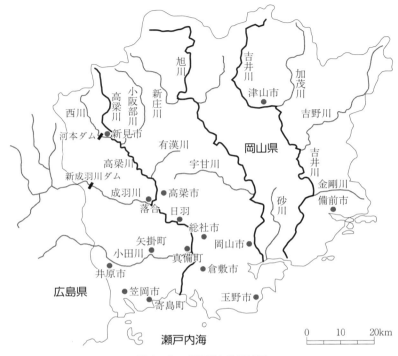

図1-1　高梁川水系流域図
出所：「高梁川水系小田川ブロック河川整備計画」岡山県、2010年より作図。

川が合流する地点に位置します。真備町の中心部は河川の氾濫原であり、近代以後でも1893年（明治26年）の大水害をはじめ、1972年や1976年などに水害に見舞われています。

真備町では、西日本豪雨で、小田川と、その支流である二級河川の高馬川、末政川、真谷川の堤防が8か所で決壊していて、末政川などの陸閘（通常は河川の堤防のある部分を交通できるように途切れさせ、増水時にゲートにより塞ぐ施設）からの越流もあり、真備町全体の27％にあたる約1200haが浸水し、約4600戸が浸水被害を受けました。堤防決壊付近では、濁流により家屋が破壊されており、浸水は深い所

写真1-1 高梁川決壊（総社市日羽、草田）
出所：「平成30年7月豪雨災害による被災状況」岡山県。

で水深5.8mにも達し、住宅の二階までも水没しました。このため、多くの住民が二階の屋根に避難して救出されましたが、51人もの死者があり、そのうち42人は障害をもった高齢者などの要支援者でした。

　真備町の西にある小田郡矢掛町でも、小田川の堤防が決壊して小学校や住宅などが浸水被害を受けました。

　倉敷市真備町の上流に位置する総社市や、その上流の高梁市では、吉備高原の峡谷部や狭い谷底平野を流れる高梁川の急激な増水による氾濫で家屋などが水流に飲まれました。

　総社市では、高梁川東岸の日羽では、急激に水位が上昇したため、傍に山があったにもかかわらず、高梁川沿いの国道を封鎖しようとしていた作業員が流されて死亡しました。西岸の草田では高梁川の堤防が決壊し、家屋や農地に重大な被害が発生しました。真備町に隣接する下原では、小田川からの浸水被害とともに、浸水したアルミリサイクル工場の爆発に伴う爆風で多くの家屋が損壊しました。

　高梁川中流の高梁市でも、高梁川支流の成羽川と高梁川の急激な増水による氾濫で、合流地点である落合をはじめ、その下流で高梁川流域の広瀬や玉川、成羽川流域の成羽などで屋根まで達するような水害

1　岡山県●防げたはずの豪雨災害　57

写真 1-2 倉敷市浸水被害（倉敷市真備町）
出所：同前。
注：A＝岡山県は白線を小田川としているが、白線より右下はすべて小田川。

写真 1-3 瀬戸内海に流出し回収された災害ゴミ
（浅口市寄島町、筆者撮影）

が発生しました。とりわけ、成羽川では、橋が流され、河岸が大きく抉り取られました。高梁川と有漢川などの支流との合流点などには大量の土砂が堆積して河床が上昇しています。

　岡山市では、東区で二級河川の砂川の左岸堤防が決壊したため、その南東にある平島や南古都の住宅団地や農地、工場など750haが浸水

58　Ⅱ　現場で何がおきていたのか

し、住宅の浸水は7645棟と岡山県内で最も多かったのです。北区の旭川流域や笹ヶ瀬川流域などでも水害が発生しています。

　岡山県内では、土砂崩れによる被害も笠岡市や井原市、倉敷市など各地で発生しています。

　洪水により高梁川から大量の流木や戸などが瀬戸内海に流出して海ごみとなり、水島灘に面する浅口市寄島町では漁港などに溜まり、漁業の妨げとなっています。

2　西日本豪雨災害の原因

　西日本豪雨災害は、高梁川上流の新見市新見で7月7日朝までの48時間雨量が420mmに達し、観測史上1位を記録するなどの豪雨に起因します。しかし、それはあくまで災害の素因です。

　近年、地球温暖化が進行する中で、このような豪雨の発生が増加しており、気象庁は豪雨災害前日の7月5日（木）の午後2時すぎに、台風や大雪以外では異例の緊急記者会見を開き、西日本から東日本の広い範囲で週末まで雨が降り続く恐れがあり、「大きな河川でもかなり増水し、決壊する可能性もある」と厳重注意を呼び掛け、全国ニュースで放送しました。このため、行政やダム管理者などは、これに対して事前に適切な対策を取るべきでした。しかし、高梁川上流にある新成羽川ダムや河本ダムなどの4ダムの貯水量の推移をみると、6月末から貯水量を増加させており、気象庁の緊急会見以後も予備放流はしていませんでした。このため、ダムが満水に近づいた7月6日午後8時前頃から緊急放流が行われ、降り続く豪雨により、高梁川の水位は急激に上昇しました。高梁市広瀬では午後10時までに12.89m、総社市の日羽では7日午前0時半に13.12mの最高水位を記録し、その後は計測不可能となっているのです。峡谷部では高梁川沿いの国道から

1　岡山県●防げたはずの豪雨災害　　59

5m 以上の水位を記録した所もありました。そして、その下流の倉敷市真備町では、小田川や高馬川などで背水（バックウォーター）が発生し、6 日午後 11 時半頃から高馬川や末政川、さらに午前 7 時前には小田川で、次々と堤防が決壊したのです。

高梁川の急激な水位の上昇は、支流の成羽川にある中国電力の新成羽川ダムの放流による寄与率が高いのです。成羽川は高梁川の支流ですが、その流域面積は 930km^2 で、成羽川との合流地点以北の高梁川の流域面積 974km^2 とほぼ同じです。岡山県の速報値によると、新成羽川ダムは 7 月 6 日 22 時 30 分に最大流量 2074m^3/s に達し、新成羽川ダムより 6km 下流にある成羽では最大流量時の流量は 7 月 6 日午後 11 時 20 分に 3300m^3/s となり、そのうち新成羽川ダムの放流量が 63％ を占めており、高梁川と合流して新成羽川ダムより 35km 下流にある日羽でも最大流量時の流量 6960m^3/s の 30％ を占めています。しかし、中国電力は岡山県にも放流時の資料などはほとんど開示していません。因みに、高梁川上流の新見市にある岡山県営河本ダムの最大放流量は、高梁の最大流量時の流量 3289m^3/s の 23％、日羽の最大流量時の流量の 11％ です。高梁川と成羽川の合流地点の落合では、新成羽川ダムの放流水が到達した時には、成羽川の水が高梁川を逆流しています。また、真備町の郷土史家が、「高梁川の水位が急上昇した時の水がいつもの洪水時と違って濁っていなかった」と証言され[*1]、支流で山肌や川岸を侵食した泥水ではなく、ダムからの放流水が一気に下流まで流れたものと考えられます。

なお、小田川の堤防は、決壊した高馬川との合流付近では標高 17m で、下流部の堤防の高さを 2m も下回っていました。また末政川の堤防も決壊地点では橋もあり、下流部の堤防より 1m 以上低くなっていました。

河川勾配（川の流れる方向の川底の傾き）は、高梁川が 1/900 に対

して小田川は 1/2200 であり、小田川の水が高梁川に流入しにくいため背割堤（二つの河川が合流したり、隣あって流れるために、流れの異なる二河川の合流をなめらかにしたり、一方の川の影響が他の河川におよばないように二つの川の間に設ける堤防）を設けていますが、洪水時には問題があるため、小田川を旧西高梁川の河道に移し、高梁川への合流地点を現在より下流の船穂にする河川改修工事が計画されていましたが実施されていなく、小田川の堤外には樹木も茂っていました。また、天井川（砂礫の堆積により河床が周辺の平面地よりも高くなった川）化した末政川や内山谷川などでは、河川の堤防より約 2m も下げて国道が交差していて、陸閘は閉められず、そこから越流しています。

　ただ、洪水が発生したとしても、事前に避難ができれば死者や行方不明者は発生しません。しかし、倉敷市では、小田川の北側の真備町に避難指示を出したのは高馬川の決壊後約 2 時間の 7 日午前 1 時半で、避難勧告も豪雨が降り続いていた 6 日の午後 10 時であり、「避難準備・高齢者等避難開始」は 6 日の午前 11 時 30 分に倉敷市全域の山沿いに出されましたが、それは「土砂災害」に対してだけでした。倉敷市が作成していたハザードマップは、浸水地域をほぼ正確に予知していましたが、総社市のハザードマップのような地区単位の詳細なものは公表していませんでした。真備町が「平成の大合併」で倉敷市に編入された地域であることも影響したでしょう。岡山県などによる「災害が少ない」などの宣伝が、住民の防災意識を向上させなかったことも否めません。

　また、行政の開発許可によって、真備町や岡山市東区平島などで、以前は水田などであった後背湿地（沖積平野にある低平・湿潤な地形）へ、防災対策も不十分な状態で、住宅団地などが造成されたことが問題です。福祉施設も真備町では低地に、高梁市成羽や総社市作原では

川沿いの洪水危険地域に建設され、被害を受けており、真備町では岡山県立の支援学校が、最も小田川沿いの低湿地に2014年に建設されています。高度経済成長期以後、大企業が集積の利益を求めて倉敷市水島などの条件の良い所を整備して立地しましたが、労働者などの住宅は河川の後背湿地や真砂土（花崗岩が風化してできた砂状の土壌）地帯の斜面などにも建設されているのです。新成羽川ダムや河本ダムは水島臨海工業地帯に電力や工業用水を供給するために建設されたものです。

　さらに、高梁川上流などでは、農林業の衰退、過疎化や高齢化の進行が続いており、水田の荒廃や間伐していない山林が保水力を低下させていることなども問題です。

3　西日本豪雨災害からの課題

　近年地球温暖化が進展する中で、今回のような豪雨災害が各地で起こっているだけに、地球温暖化の原因となる二酸化炭素の排出を大幅に削減させること、とりわけ、その排出寄与率の高い産業界や運輸業界での削減や自然再生可能エネルギーへの転換が急務です。

　それとともに、温暖化による豪雨災害を見通した防災対策をしなければなりません。そのためには、堤防の整備や、河道掘削、樹木伐開などの河川改修や河川管理を行うこと、開発許可は防災面の安全性を優先すること、とりわけ、福祉施設などについては災害の危険性のない地域への立地を最優先すること、流域全体で農林業などを防災面の効果も含めて育成することなどが求められます。また、気象庁が緊急記者会見をした場合などにはダム管理者は予備放流を実施しなければなりません。さらに、行政は、避難準備・高齢者等避難開始や避難勧告、避難指示なども早めに、正確に出さなければなりません。真備町

では指定避難所の 77％ が今回の豪雨災害の浸水地域にあったことなどは、早急に改善されなければなりません。そのためには、ハザードマップや防災計画を、住民とともに、専門家も含めて作成し、地域の環境などについて熟知しておくことが必要です。ハザードマップのベースマップとなる地形図や天気図などを判読する地理や地学の教育も重要です。

　紙数の関係で、被災後の避難所の問題や、その後の生活再建や産業再建などについては触れることができませんが、西日本豪雨災害の直後から酷暑が続いただけに、避難所となる学校などに空調設備を設置することやバリアフリーにすることなども課題です。

　今回の西日本豪雨災害は決して想定外ではありません。このため、一級河川を管理する国やダムを管理する電力会社、二級河川を管理する県、避難勧告や避難指示を出す市などが事前に防災対策を実施していれば、このような災害は防げたはずです。国の専門機関である気象庁が公に発した警告を蔑ろにして、多くの死者まで出したことは重大な問題です。現に、東日本大震災で津波被害を受けた宮城県石巻市大川小学校の裁判では、管理職や設置者の責任を明確にした判決が出されているのです。二度とこのような災害を繰り返さないためにも十分な防災対策が求められているのです。

注

1　高梁川と小田川の合流点の真備町川辺在住の郷土史家・加藤満宏氏（78 歳）。

追記　本稿は、拙稿「岡山県における西日本豪雨災害の状況と課題」（『住民と自治』2018 年 11 月号）にその後の調査を踏まえて書き直したものである。また、岡山県内の西日本豪雨災害については、岡山県自治体問題研究所の『住民と自治　岡山版』では 2018 年 9 月号以後に住民や自治体職員などの体験記を掲載している。

2

広島県

全国最多の土砂災害危険地帯で起きた災害

越智秀二

はじめに

2018年6月末頃より、日本各地を襲った豪雨災害（平成30年7月豪雨）は沖縄から北海道まで全国に被害をもたらし、8月21日13時現在、全国で死者221人（広島県108人）、行方不明9人（同6人）となり（表2-1）、そのなかでも広島県の犠牲者は群を抜いています。また、JRや高速道路、国道2号線をはじめとした交通網が寸断され、各地で停電や断水なども相次ぎ、一時的に呉市が孤立。広島市からフェリーを利用して通勤通学する光景まで見られました。

表2-1　2018年8月21日現在の被害状況の集計

人的被害（人）					住家被害（件）					非住家被害（件）	
死者	行方不明者	負傷者			全壊	半壊	一部損壊	床上浸水	床下浸水	公共建物	その他
		重傷	軽傷	不明							
221	9	68	319	3	6,206	9,764	3,765	9,006	20,086	8	132

出所：総務省消防庁[*1]。

64　Ⅱ　現場で何がおきていたのか

この災害の原因は、累積の降水量が400ミリを超える大量の降水があったことが大きな要因といえますが、犠牲者の大半が土石流災害など土砂災害による犠牲者で、広島県が全国最多の土砂災害危険箇所（4万9541箇所）を有するにもかかわらず、砂防予算を減らしてきたツケともいえます。また、三原市本郷や呉市安浦などでは、増水した河川により深刻な浸水被害も起きています。ここでは、広島県南部で多数の犠牲者を出した土石流の問題に焦点を当てて報告します。

1　降雨の特徴

　今回は、期間降水量が400ミリを超える大量の降雨が特徴といえますが、降雨の強度は1時間あたり50〜70ミリ前後で、4年前の8.20広島豪雨災害ほど強くありませんでした（表2-2、図2-1）。また、今回の豪雨のピークは2回あり（図2-1）、1回目は7月6日18時頃から20時頃、2回目は午前5時頃でした。1回目は、北東－南西方向に伸びる明瞭な線状降水帯を形成し（図2-2）、2時間程度かけて広島市付近から徐々に南東方向へ移動しました。

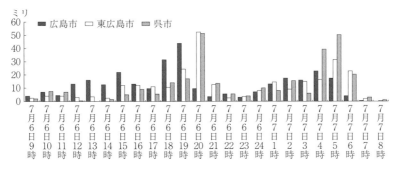

図2-1　広島市、東広島市、呉市の時間降水量の推移
出所：気象庁ウェブサイト*2より越智加筆。

表2-2 三市の日別降水量

	広島市	東広島市	呉　市
7月3日	13.5	15.5	14.0
7月4日	2.5	2.0	0.0
7月5日	87.0	72.5	67.5
7月6日	229.0	196.5	190.5
7月7日	101.0	117.5	178.0
合　計	433.0	404.0	450.0

出所：気象庁ウェブサイト[*2]より越智作成。

図2-2　7月6日19時の雨雲レーダー画像
出所：気象庁ウェブサイト[*3]より越智追記。

2　広島県での災害について

　広島県では、7月5日から7日の3日間で400ミリに達する降水量が観測され、土石流など土砂災害が8000箇所以上で発生（図2-3）。そのほとんどが、風化のすすんだ花崗岩類や流紋岩類の地域でした（図2-4）。これに加えて、洪水による破堤や溢水による浸水被害が加わり、鉄道や高速道路をはじめとする道路網が寸断され、大きな災害になり

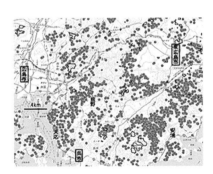

図2-3　広島県南部の土砂災害箇所（グレーの点）
出所：国土地理院ウェブサイト[*4]に越智加筆。

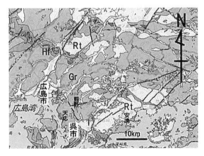

図2-4　広島県南部の地質
出所：シームレス地質図[*5]に越智加筆。
白亜系の流紋岩類（Rt）と花崗岩類（Gr）で発生。ホルンフェルス（Hr）での発生は皆無。流紋岩類は結晶質流紋岩質凝灰岩。基質部が風化すると粘土質の土壌を形成。

ました。以下、その代表的な土砂災害事例の概要を報告します。

1 花崗岩地帯[*5]での巨礫を含む土石流災害

①安芸郡熊野町大原ハイツを襲った想定外の土石流（図2-5、2-6）

　熊野町は広島市中心部から南東に約15kmのところに広がる盆地にあり（図2-2）、標高200～250mの平坦な丘陵が広がっています。今回大きな土石流被害を起こした大原ハイツは、熊野町南部に位置し、標高約450mの三石山（みついわやま）の北西部に広がる土石流扇状地に造成されています。ここは12人の犠牲者を出した団地で、広島県のハザードマップ[*3]では図2-5の4のあたりで長さ30m程度の範囲がレッドゾーンに指定されていただけでしたが、実際には300m近い範囲で被害が出ただけでなく、1から尾根を越えて隣の谷2にも巨礫を含む想定外の土石流が流れました。その途中の沢A付近には不安定な巨礫が大量に残されています。なお、巨礫AはAの下側ではなく上側に流木が土砂と載っていることなどから、今回の土石流で流下してきたものでは

図2-6　左図Aの巨礫＝粗粒黒雲母花崗岩

図2-5　熊野の三石山の土石流

巨大な黒雲母花崗岩の風化残留岩塊が山頂部や山麓に分布している。
Bには10m以上の岩。Bの直下で崩壊が発生し、土石流1となって流下。Aの巨礫で堰き止められ、2の方へ尾根を越えて流下。a、cはその時の土石流1による堆積物で、aの下には2の方に向いた流木cが土砂とともに挟まっている。その後、3から4の方へ土石流が流下。山裾の住宅地が大原ハイツで、急峻な山裾に広がる緩傾斜の土石流扇状地を造成している。

なくその前からこの場所にあったと考えられます。今回の土石流でAの下の右岸側の堆積物が侵食されており、今後の土石流や地震で崩落する可能性が高いといえます。

②呉市天応地区の土石流災害

　天応地区は、呉市の北西約8kmにある海岸沿いの町で、海岸から1～2kmのところに花崗岩の風化残留岩塊が多数分布する急峻な山々（標高300～400m）が連なります。今回の土石流災害はその急峻な山裾を流れる大屋大川（長さ約6km、高低差約590m、流域面積約4km^2）とその支流の背戸の川（長さ2.3km、高低差340m、流域面積約1km^2）沿いを中心に発生しました。大屋大川沿いの住宅地では大量の砂を堆積させ、巨礫による被害はほとんど出ていません。背戸の川では、急峻な山から流出した土石流が、谷の出口付近にあった標高50m付近の住宅地を直撃し、多数の犠牲者を出しています（図2-7）。

　この災害現場の下流約300mの標高25m付近には、1945年9月17日に呉市を襲った枕崎台風の際に土石流で流出してきた長径約1.8mの巨礫の隣に住宅が建てられています（図2-8）。過去の事例を教訓にできていなかったことが悔やまれる事例です。

図2-7　左の巨礫から約300m上流地域の土石流被害（1m以上の巨礫が多い）

図2-8　天応西条三丁目の住宅にあった枕崎台風の土石流で出た巨礫

図2-9 安浦町北西部野呂川周辺の崩壊
地質は流紋岩質凝灰岩。この付近での6日朝からの24時間降水量は350ミリ。

図2-10 安浦町北西部市原地区の土石流被害
ここの土石流は7月7日朝発生。

2 流紋岩地帯[*5]での土石流災害

　安浦町北西部の野呂川周辺は、白亜紀の流紋岩類（流紋岩質凝灰岩）が分布している地帯で、今回、土石流災害が特に多発している地域です（図2-9、10）。広島県が8月に安浦町で行った説明会資料によれば、野呂川ダム西岸付近を中心とした半径約3kmの範囲で7月6日午前6時からの24時間降水量が350ミリを超え、野呂川ダム観測所で396ミリを観測しています。この土石流の多発現象はこの大量の降水量にあったと考えられます。このような中、野呂川ダムの放流問題が起き、その適否が問われていますが、事前放流のあり方も含め、より慎重な対応が必要ではなかったかと思われます。

3 災害の概括と教訓化の課題

　今回の災害では、広島県の犠牲者は全国の犠牲者数の約半数を占めています。これは広島県に今回8000箇所以上の土砂災害が発生したことが大きな要因といえますが、400ミリを超える累積降水量や風化するともろく崩れやすい花崗岩類と流紋岩類の急峻な山地が人家のすぐ

そばに迫っていること等が自然的因子として挙げられます。

しかしながら、災害のもう一つの側面である人為的因子という視点で見れば、そうした急峻な山裾に広がる緩傾斜の土石流扇状地を宅地開発していることも大きな災害の要因といえます。「想定を超える」大規模な土石流が流れて12人もの犠牲者を出した事例（熊野町大原ハイツ）。さらには、土石流危険渓流の直下に造成された団地の上に設置した治山ダムが土石流危険渓流の規模に対して容量の小さい治山ダムであった上にレッドゾーンに指定されていることを住民が知らなかった事例（矢野東7丁目）。大量の雨が降り多数の土石流が発生する中、ダムの放流により水かさを増した河川の氾濫等により周辺の市街地が水没した事例（呉市安浦）など多数の深刻な要因が重なった事例もあります。また、高速道路の被害も多く、これらは土石流危険渓流地帯を突っ切って建設したにもかかわらず防災対策をして来なかった「ツケ」ともいえます。

さらには、明治40年の水害記念碑の存在すら知られていなかった事例（坂町小屋浦）や、枕崎台風時の土石流で出た巨礫の位置よりも300m上流に開発した住宅地が流木と巨礫の土石流で壊滅した事例（呉市天応）などは、過去の教訓を活かせていない事例として今回の災害を教訓化する上でも見逃せない事例といえます。

おわりに

日本は、昔から風水害、地震・火山など自然災害が多発している国です。「信玄堤」に象徴されるように、日本では昔から、国を治める基本として「治山」「治水」を重視し、自然との共存を図ることで、豊かで安全な風土を形成してきたといえます。しかしながら、21世紀を迎え、今の日本は大規模災害が多発し、東日本大震災では、原発事故に

よる放射能汚染も発生しました。こうした問題の背景には、戦後の日本社会が、日本という国の自然の成り立ちを無視し、日本に不適当な大規模な開発を進めてきた政治・経済構造の問題があるといえます。

　「南海トラフ巨大地震」の30年以内の発生確率が80％になっている現在、今回の災害は、「近い将来必ず来る」大規模災害への警鐘と位置づけ、防災や現在の日本社会のあり方を根本的に転換する方向へと大きく舵を切ることが必要といえます。

参考文献・資料（URL 最終確認 2018 年 9 月 26 日）
1　「［概要版］平成 30 年 7 月豪雨による被害状況等について」（平成 30 年 8 月 21 日）総務省消防庁。
2　気象庁ウェブサイト、各種データ・資料気象観測データ。
　　https://www.jma.go.jp/jma/menu/menureport.html
3　気象庁ウェブサイト、レーダー・ナウキャスト。
　　https://www.jma.go.jp/jp/radnowc/
4　平成 30 年 7 月豪雨災害に関する情報、崩壊地等分布図（平成 30 年 8 月 3 日更新）国土地理院。
　　http://www.gsi.go.jp/common/000203233.pdf
5　20 万分の 1 日本シームレス地質図 V2（2018 年 1 月 26 日更新）。
　　https://gbank.gsj.jp/seamless/v2/api/1.2/

3

愛媛県

農林水産業と中小企業の被災

村田武・山藤篤
松岡淳・小淵港

1　農林水産業の被害

はじめに

　2018年7月7日から8日にかけての豪雨で愛媛県の農林水産業は多大な被害を被りました。愛媛県が7月10日にまとめた被害状況は以下のとおりです。

　農業では、宇和島市や松山市島しょ部では土砂崩れにともなうカンキツ園の流出、大洲市や西予市など5市町で農地への土砂流入や冠水で、キュウリ、トマト、スイカなどの損傷がありました。共同利用施設では、西予市ではJAひがしうわのキュウリ・ナス共同選果場では選果機が浸水で使用不能、大洲市ではJA愛媛たいきの直売所「愛たい菜」が浸水で営業停止となりました。畜産では、西予市で酪農経営が停電や断水で生乳の廃棄に追い込まれています。宇和島市、西予市、内子町ではブロイラー・採卵鶏が溺死しています。西予市の造り酒屋

は工場水没で、廃業の危機に追い込まれています。

　林業では、大洲市と西予市の4製材施設で浸水被害があり、出荷量減少が懸念されています。水産では、八幡浜市の海域で大量の真水の流れ込みで、養殖マダイ4万匹強がへい死（突然死）しました。

　今回の豪雨災害でひとつの特徴は、西予市野村地域で死者5人を出した7日の肱川（宇和川）氾濫は、野村ダムが流入量と同量の水を放流する緊急放流（「異常洪水時防災操作」であって、ダム管理事務所によれば規則どおり放流とのこと）による最大放流量毎秒1797トン（安全とされる基準の約6倍）が原因であって、4mもの浸水であったこと、また大洲市を襲い3名の死者を出した水害の原因が、野村ダムの下流にある狩野川ダムのこれまた緊急放流で毎秒3742トン（これも安全基準の約6倍）もの放流によるものであったことにあります。この放流についてのダム管理者である国側の説明は納得できないと、住民独自の検証が必要だとする住民の会合が開かれており、訴訟も視野に入れての活動が始まっています。

　以下では、西予市野村地域水害被害と宇和島市吉田地域の土砂崩れについて、現地でのヒヤリング結果を報告します。

1　西予市野村町のダム緊急放流による水害

　西予市野村町にあるJAひがしうわのキュウリ・ナス共同選果場は肱川沿いにあったことで、野村ダムの放流で3m近い浸水で、選果場全体が水浸し、夏秋キュウリの出荷が最盛期を迎えるなかで選果能力16.8トン/日（昨年実績は約1200トン弱・およそ2.9億円）のすべてがストップしました。そのため100戸近いキュウリ農家（キュウリ栽培面積合計約20ha）は、選果場での選果ができなくなったのです。そこで農協は、選別作業に従事していた職員30名（うち女性25名）を各農家に配置し、共同選果場では10規格であった箱詰めを3規格に簡

図3-1　野村きゅうり集出荷場の被害

易化して、必死に出荷対応にあたっています。

澤井秀幸選果場長は、選果場の原状回復は、今期は無理といい、さらに選果機を修理しても新規導入でも1.8億円もの費用がかかるとの計算に頭を抱えています。付け加えると選果機を修理した場合、更新よりも早く従前通りの対応が可能であるが、同じような災害が起こった場合に対応できず、また新しい場所で新規に導入した場合は、その分、導入に日がかかり、一刻も早く復旧して欲しいという農家の対応が困難となるといったことに、農協も頭を抱えているのです。

2　酪農も大被害

さらに、この野村町は四国随一の酪農地帯です。JAひがしうわの和氣利明酪農課長に聞いた酪農被害はつぎの通りでした。野村ダム直下にあった変電所が水没したために、7月7日の午前7時ごろから8日の夜までの30時間余りの停電に酪農家42戸が見舞われました。そのうち自家発電機で対応できたのは3、4戸で、その他の農家は搾乳機がストップしました。そこで町内の土建会社4社から計7台、その他県酪連や西予市がリース会社から借りたもの合わせて合計10台の発電機を大慌てで配置したといいます。搾乳機は何とか動かせたものの、バルククーラー（冷却器付タンク）の冷却までは手が届きませんでした。その結果、7日・8日に絞った生乳100トン余りが廃棄の憂き目を見たのです。さらに深刻なのは野村町では浄水場も水没したため、7日か

ら何と17日まで、10日間も断水したことです。大半の酪農家は上水道を利用していました。乳牛は1頭当たり1日に約100リットルの飲料水が必要です。県酪連は、集乳車に本社工場で水を詰め、9日から給水を始めました。12日からは16トントレーラーで給水したといいます。さらに豪雨後には猛暑日が続き、乳牛も酪農家も対応に当たった農協職員もいっしょになって体調を崩すありさまとなったのです。

　共同選果場と酪農センターでの聞き取りで共通していたのは、今回のような災害に対する不安の声でした。野村町は、これまで幾度となく大雨被害に遭ってきました。1986（昭和62）年に大雨による家屋浸水35戸、道路・河川損壊81か所、野菜などの被害総額5億4000万円、さらに翌1987（昭和63）年には台風4号による大雨・洪水となり、被害は家屋の浸水18戸、河川・道路損壊など133件で、被害総額6億円という記録が残っています。今回の西日本豪雨災害は、これまでを大きく上回る大規模な災害であって、復旧の長期化は避けられません。被害の実態に則した長期的な支援が求められます。

3　宇和島市吉田町の土砂災害

　今回の豪雨による土砂災害の被害が愛媛県内で最も大きかったのが、宇和島市吉田町です。豪雨災害を受けて、愛媛大学が組織した災害調査団のメンバーである法文学部・石黒聡士講師（地理学）らのグループが、国土地理院が被災後に撮影した航空写真を用いて分析を行ったところ、県内では宇和島市、大洲市、西予市の3市を中心とした一帯で、少なくとも3410か所の斜面崩壊が確認されました[*1]。発生数は、西予市と宇和島市の境にある山地を挟んだ南北で差があり、宇和島市吉田町側にある南斜面に集中しています。吉田町では2271か所にのぼる斜面崩壊が確認され、県内の南側から大量の水蒸気を含んだ空気が流れ込んだため、吉田町一帯で特に強い雨が降ったとみられています。

3　愛媛県●農林水産業と中小企業の被災　　75

図3-2　宇和島市吉田の山崩れ

　同じく災害調査団のメンバーである大学院理工学研究科・森伸一郎准教授（自然災害科学）が、吉田町での現地調査を踏まえて行った分析によると、今回の斜面崩壊の多くは、表面の土壌のみが崩れ落ちる表層崩壊ではなく、すべり面が基盤層の中に達する深層崩壊であったといいます[*2]。豪雨により多くの樹園地が崩壊しましたが、これは樹園地自体が崩れたのではなく、上部にある岩盤が崩れることにより、土石流が樹園地を覆ってしまうケースが多かったとみられています。森准教授は、吉田町で発生した斜面崩壊を「山津波」と呼んでおり、節理（岩体に発達した両側にずれの見られない規則性のある割れ目）の発達した風化岩盤が一気に崩れ、下部の樹園地を根こそぎ削って滑り落ちたと報告しています。また、土砂災害の発生した場所のほとんどは、土石流危険区域、急傾斜地崩壊危険個所、土砂災害警戒区域などの危険区域として指定されている所でした。

　JAえひめ南によると、管内にある樹園地約2000haのうち160haが被害を受けたといいます。2018年7月23日時点で、宇和島市内のカンキツ類の被害額は、12億8300万円と推計されています。この被害額の中には、農機具や水利施設等の被害は入っておらず、今後さらに増加することが予想されます。

　吉田町の樹園地の多くは、国営南予用水土地改良事業により、野村ダムを水源とする畑地灌漑施設（スプリンクラー）が整備されており、

豪雨によりスプリンクラーをはじめ、分水工、揚水機場、幹線水路等が大きな被害を受けました。これら水利施設の被害は、町北部（玉津地区、立間地区）に集中しています。とりあえずは、被災を受けていない施設から応急的に用水を供給する措置をとっています。吉田町内のスプリンクラーは39のブロックに分かれており、愛媛県南予地方局によれば、現在、29ブロックのスプリンクラーが「稼働中」、1ブロックが「通水準備中」、3ブロックが「地元協議中」であり、6ブロックは「断水・本復旧工事」となっています。ただし、「稼働中」のスプリンクラーブロックのうち、フル稼働が可能であるのは町南西部の奥南地区にある3ブロックのみです。

　また、被害の全貌は明らかではありませんが、土砂崩れによって、農道のかなりの箇所が寸断されました。樹園地自体は被災を免れても、農道の寸断により樹園地にアクセスできず、栽培管理ができないケースが多くなっています。被災を受けた農道に対しては、土砂撤去や土嚢設置等の応急措置をとっていますが、完全復旧の見通しはまだ立っていません。さらに、JAえひめ南によれば、今回の豪雨で延べ40kmのモノレールが被災を受け、被災戸数は450戸にのぼるといいます。樹園地のほとんどは傾斜地に造成されており、カンキツ作農家にとって、収穫物や生産資材の運搬用のモノレールは必要不可欠です。しかしながら現在、愛媛県内でモノレールを製造する業者は、実質的に1社のみであり、豪雨災害による需要の急増に対応できない状況にあるのです。

4　被害の集中した立間地区の農家に聞く

　吉田町立間地区に在住するカンキツ生産者の村井優介さんに聞きました。村井さんは現在39歳、就農5年目の若手農業者であり、就農前は広島で建築会社に勤務していました。家族構成は、村井氏、妻（31

歳）、母（67歳）の3人で、カンキツ作に従事しているのは村井氏と母の2人です。カンキツの経営規模は2.5ha（いずれも自作地）であり、樹園地は16か所に分散しています。栽培品種は、温州みかんが極早生温州、早生温州、南柑20号、中晩柑が紅まどんな、デコポン、ポンカン、甘夏、はっさく、ブラッドオレンジと多岐にわたっており、温州と中晩柑の栽培比率はほぼ半々です。

　村井さんの場合、豪雨により何らかの被害を受けた樹園地は13か所（約1.8ha）であり、被害が大きかったのは半分近い6か所（ほぼ1ha）にのぼります。とくに、急傾斜地にある30aの樹園地では、上から下まで土砂を被り、樹体のみならずモノレールもほぼ全壊しました。また、近くの河川の氾濫により土砂が堆積し、壊滅した樹園地もあります。一方で、自宅周辺の樹園地は、ほとんど被害を受けませんでした。村井さんの経営では、5か所の樹園地にスプリンクラーが整備されていますが、うち3か所は土砂によるパイプの損傷が大きいため、稼働できなくなっています。このため、手散布での防除をよぎなくされています。さらに、自宅から300m離れた所にある倉庫も、河川の氾濫による土砂の直撃により、中に入っていたポンプや運搬車もろとも全壊しました。

　現在、村井さんが自宅からアクセスできる樹園地は10か所（約1.5ha）です。とりあえずは、このような樹園地で摘果や防除を行うとともに、被災したモノレールや石垣の応急的な修理で手一杯です。摘果に関しては、ボランティアも手伝ってくれたといいます。村井さんの予測では、今回の豪雨でカンキツの売上げは例年の半分位に落ち込むとのことです。温州みかんに関しては、果樹共済に加入していますが、十分な補償は期待できないとみています。行政への要望として、まずできるところから基盤整備を行い、樹園地の緩傾斜化を実現して欲しいということでした。また、倉庫を新しく建てるために、完全無利

子の融資を希望しています。さらに、被害を受けた農業者に対しては、一律的ではなく、損害の程度に応じた補償が望ましいとしていました。

5 求められる対策

　カンキツ農業復興に向けての県、JA など関係機関による支援策としては、まず、摘果や園地片づけを行う「みかんボランティア」の募集を行っており、これまで 4 回（2018 年 8 月 18 日、19 日、25 日、26 日。1 回当たりの作業時間は 4 時間）にわたって活動が行われました。8 月 18 日の作業には 162 名、19 日の作業には 139 名のボランティアが登録しており、いずれも目標人数の 1 日 100 名を上回っています。吉田町では 9 月に入ると、極早生温州の収穫が始まりますが、現在のところモノレール復旧の見通しが立っておらず、人力で収穫物を運搬せざるを得ない事態が予想されます。収穫に関しても、ボランティアによる支援体制を早急に構築することが求められます。

　また、JA えひめ南は、ドローン（小型無人飛行機）を駆使して、被害があった樹園地での防除を行っています。これは、県の支援事業を活用したものであり、作業は宇和島市に隣接する鬼北町の業者に委託をしています。対象となるのは、スプリンクラーや農道が寸断され、20a 以上のまとまりのある樹園地であり、農家負担額は 10a 当たり 2000 円です。ドローンによる農薬散布は、これまでに 18ha の樹園地で行われました。ただし、JA の関係者によると、ドローンによる散布はあくまで応急措置であり、広範囲に実施することは難しいとのことでした。

　豪雨により農家が所有する軽トラックが水没・流出し、使用できなくなったケースが多いため、「軽トラックレンタル制度」も創設されています。この制度は、JA が民間のレンタル会社から借り受けた軽トラックを管理し、被災農家に安価な料金で利用してもらうという仕

組みです。また、JA えひめ南は、宇和島市や民間団体との連携により、インターネット上で「クラウドファンディング」による資金募集を行いました。寄付金は目標の 200 万円を大きく上回る 500 万円に達し、防除用のポンプやタンクの購入に充てているということです。さらに、宇和島市農業支援センターでは、被災農家を対象とした農業経営相談を行っており、国・県による支援制度を紹介しています。

　さらに、カンキツ農業の早期復興を目的として、2018 年 7 月 30 日に、県、JA、関係市町によって構成される「南予地域柑橘農業復興対策チーム」が設置され、樹園地、水利施設、モノレール等の復旧計画が検討されています。同チームは、被災した樹園地の復旧に向けて、8 月下旬〜9 月頃に農家への説明会と意向確認を行い、11 月〜12 月頃に復旧工法や負担金についての同意を得た上で、2019 年 3 月を目途として工事に着手するというスケジュールを立てています。樹園地復旧の方法としては「原形復旧」、「改良復旧」、「再編復旧」の三つが提示されています。原形復旧とは、できる限り被災前に近い形状で樹園地を復旧する方法であり、市町が事業主体となります。改良復旧とは、被災した園地と隣接する未被災園地とを合わせて、緩傾斜化とともに、小規模な区画整理を行うものであり、市町、土地改良区、農協等が事業主体となります。再編復旧とは、切盛作業を伴う大規模な工事を行うことによって、被災園地を緩傾斜園地に再編整備する方法であり、農地中間管理機構を活用するものです。土地改良法の改正により、農地中間管理機構が主体となる圃場整備は、農家の費用負担なしでの実施が可能となり、機構が積極的に樹園地復旧に関与することが望まれます。

　今回の豪雨による吉田町のカンキツ農業への被害はきわめて甚大であり、これによって営農意欲を失った農業者の離農や経営縮小が加速化することが懸念されるところです。樹園地、水利施設、農道、モノレ

ール等の早急な復旧に全力を尽くすのはもちろんですが、これらの復旧と並行して、担い手への樹園地集積や新規就農者の誘致を進め、強い産地づくりをめざすことがぜひとも求められます。

2　西予市における中小企業の被災と復旧対策

1　西予市野村町における中小企業の豪雨被害

　西予市では大きな農業被害が出るとともに、野村ダム下流約2キロの野村町地区で、住宅、商店街が浸水し、甚大な被害が出ました。市全体では、住家の全壊126棟、半壊285棟にのぼりましたが、その多くが野村町での被害でした。商店街が激しい洪水に見舞われたため、小売業などの中小企業が大きな被害を受けました。ここでは、愛媛県における中小企業の被害について、西予市野村町を中心に述べ、国、県の被災中小企業対策と合わせて西予市独自の復興対策について紹介したいと思います。

　西予市商工会の調べでは、今回の豪雨によって市全体で98の会員事業所が被災しましたが、うち73事業所が野村支部であり、被害が野村町に集中していたことを示しています[*3]。野村支部会員の約3分の1が被災しました。西予市の最近の集計によると、野村町では153件の商工関連施設の被害が発生し、その業種別の内訳は、卸・小売業が31.4%、宿泊・飲食サービス業が15.7%、生活関連サービス・娯楽業が13.1%、建

図3-3　被災した野村町商店街の一角

設業が 8.5% でした[*4]。多くは床上まで浸水し、場所によっては 2 階まで浸水した事業所もあり、建物の損壊、自動車・冷蔵庫等設備の破損、商品の浸水等の大きな被害を受けました。大半は店舗兼住宅の事業所ですが、なかには貨物運輸、生コンクリート製造等の比較的規模の大きい中小企業で、数千万円から億単位の被害が出た事業所もありました。被災中小企業の再建のためには多額の資金を要しますが独自でそれを賄うことは困難であり、行政の復旧支援が必要となります。

2　国と県の中小企業災害復旧対策

　国の制度に「中小企業等グループ補助金事業」があります。この制度は、7 月の豪雨で特に大きな被害を受けた岡山県、広島県、愛媛県を対象に複数の中小企業がグループを形成して復興事業計画を作成し、県の認定を受けた場合にグループに参加する事業者が行う施設復旧等の費用を一部支援するものです。補助率は 4 分の 3 で、国が 2 分の 1、県が 4 分の 1 を負担します。事業者負担の 4 分の 1 相当分には、無利子の高度化融資が利用可能とされています。これにより、倒壊した工場・施設等の復旧、共同店舗の設置などに補助金の支援を受けられることになっています。

　愛媛県の復旧支援制度の中心は融資制度で、「災害関連対策資金」の貸付は、年利率 1.0%、融資限度額は運転資金 2000 万円、設備資金 3000 万円となっており、保証料年 0.35% から 1.80% は全額県が負担することとなっています。低利融資にはこのほか、日本政策投資銀行の「災害復旧貸付」（年利 1.36% まで）、商工組合中央金庫の「災害復旧資金」（年利 1.0%）などがあります。

　西予市では被災事業者の負担を軽減するため、災害融資関連制度として「利子補給制度」を設けており、上記の融資について対象期間（運転資金 7 年、設備資金 10 年）に支払った利子の全額について、市が利

子補給を行うこととしています。

3 「西予市中小企業者等復興補助金制度」

　中小企業の早期の再建を考えた場合、上記の国や県の支援制度は有効ですが、適用までに時間がかかり、対象とならない備品や金額があるなど一定の制限があります。そこで、西予市では中小企業等の営業の早期再開を支援するため、急遽、市独自の対策をとることとなりました。「西予市中小企業者等復興補助金制度」です[*5]。市は当初、従来からある「店舗リニューアル補助金事業」を拡充する形で対応を検討しましたが、補助率を改善する等の必要から制度を新設することとし、7月補正予算において、約100件分の店舗改修等に要する経費の一部を助成する補助金として1億円を計上しました。市の案内書によると、同制度の概要は以下のようになっています。

［補助対象者と対象期間］

　7月豪雨で被災した西予市内に住所を有する中小企業者及び小規模企業者を対象とし、期間は、被災日以降に着手し2020年3月31日までに完了する事業。

［補助対象となる事業費］

　被災した建物及び付属設備（電気・給排水・冷暖房等）の修繕や機械、車両、工具及び備品の購入等で総額15万円以上を対象に補助する。土地の購入費や支払い利息等は対象とならない。

［補助率及び補助金額］

　補助対象事業費の3分の2以内、10万円以上150万円以内の範囲で補助を行う。

　従来の店舗リニューアル補助金事業では、補助率2分の1まで、補助上限50万円であったのに対し、補助率、補助額とも引き上げられました。また従来制度では中古品、自動車、パソコン等は対象外でしたが、

3　愛媛県●農林水産業と中小企業の被災　　83

今回の事業では対象とされることとなりました。このように災害後早い時期に、市の補助事業をより使いやすいものに改善したことは評価されてよいでしょう。予算規模からすると、一事業所に平均 100 万円の補助金が出ることとなります。市の担当者は、この補助金制度と国のグループ事業との棲み分けをはかり、より規模の大きい事業（建物新築など）はグループ事業、グループ事業の対象にならない備品・設備などを市補助金で支援し、両者を組み合わせることで早期復興をめざしたいとしています。

4 当面の課題

　行政による支援制度を活用して、事業そのものの再建は徐々に可能になるとしても、解決すべき課題は少なくありません。地形的に商店街は川の近くの比較的低いところにあり、特に 2 階まで浸水した地域では同じ場所に事業所を再建するかどうかという問題があります。現在地の嵩上げか、高台への移転かなど、今後の再建の進め方について、被災者を中心に十分な議論のもとに進める必要があります。中小企業者の被害は多様であり、厨房器具の浸水した飲食店から高額な機械器具が破損した畳店や米穀店、理美容院まで、再建に要する費用には大きな違いがあります。市独自の支援策は評価されますが、150 万円までの補助で十分でしょうか。グループ補助金は、東日本大震災を契機に作られた制度で、ほぼ融資しかなかった被災中小企業者対策を前進させたと評価されていますが、これまで大手企業が優先されることが多かったと問題点が指摘されています[6]。体力の弱い事業者の支援が優先されるよう適用を改善する必要があります。

　注（URL 最終確認 2018 年 9 月 27 日）
1　石黒講師による分析結果に関しては、愛媛大学災害調査団が行った第 3 回定

例会見（2018 年 8 月 3 日）における資料を参照。なお、この資料は愛媛大学の
ウェブサイト（https://www.ehime-u.ac.jp/post-80828）でも公開されている。

2　森准教授による調査結果に関しては、第 53 回地盤工学研究発表会緊急災害調
査報告セッション 2（2018 年 7 月 25 日）における報告資料を参照。なお、この
資料は愛媛大学のウェブサイト（https://www.ehime-u.ac.jp/post-80828）でも
公開されている。

3　『愛媛新聞』2018 年 8 月 1 日付。

4　西予市資料「商工関連施設災害発生状況　平成 30 年 8 月 31 日現在」による。

5　8 月 7 日開催の西予市説明会資料による。

6　宮入興一「大震災における復興行財政の検証と課題」網島不二雄他編『東日
本大震災復興の検証　どのようにして「惨事便乗型復興」を乗り越えるか』合
同出版、2016 年、98 頁。

　本報告は、㈱愛媛地域総合研究所（代表取締役・村田武）が急遽編成した調査
チームによるものである。「1　農林水産業の被害」のはじめには、村田武、西予
市野村町の農業被害については山藤篤（愛媛大学社会共創学部助教）、宇和島市吉
田町については松岡淳（愛媛大学農学部教授）、「2　西予市における中小企業の被
災と復旧対策」については小淵港（愛媛大学名誉教授・愛媛県自治体問題研究所
理事長）の執筆である。

4

兵庫県

神戸市灘区篠原台の
盛土開発地の崩壊による土石流被害

田結庄良昭

はじめに

　神戸市灘区篠原台では花崗岩からなる裏山の谷で土石流が発生し、大量の土砂が流出し、多くの家屋に流入し、住民が閉じ込められ、避難指示が出ました。土石流は谷頭部の開発地が崩壊したことで生じたことが、今回の調査で明らかになりました。被災地は土砂災害警戒区域だった所です。同じように土砂災害警戒区域での被害は、広島県など多くの西日本豪雨被災地でも起こっています。その多くは花崗岩からなる山際の谷出口を開発した住宅地で[*1]、同じく花崗岩からなる山際の篠原台と同じ状況です。このように、花崗岩からなる山際は崩れやすく、土砂災害警戒区域になっていることが多いのにもかかわらず、そこが開発されているのです。なぜ、このような事象が多発しているのでしょうか。篠原台を例に被災地特有の地質や地形状況、さらに、土砂災害警戒区域のもつ法的意味も含めて検討しましたので、現地調査

の結果を中心に報告します。この報告が今後の災害に役立てば幸いです。

1　西日本豪雨による兵庫県の被害

　2018 年 7 月 4 日から 4 日間降り続いた雨は、神戸市で 430mm にも達し、大きな被害が生じました。兵庫県企画県民部発表では[*2]、7 月 10 日午後 4 時の段階で、県内で 2 人が死亡、2 人が重傷、8 人が軽傷を負いました。住宅被害も宍粟市で住宅 5 棟が全壊し、宍粟市、三木市、神戸市で 5 棟が半壊し、神戸市、宍粟市など各市で計 20 棟が一部損壊しました。また、神戸市、西脇市、丹波市など各市で 95 棟が床上浸水し、床下浸水は 12 市町で 514 棟も生じました。土砂崩れは 335 か所（神戸市では 101 か所）で生じています。宍粟市では花崗岩からなる山肌が大きく崩れ、深さ約 10m にもなり、岩盤まで達する崩壊が生じ、民家を襲い 1 人が亡くなりました[*3]。神戸市中央区では花崗岩の裏山が崩れ、崖下の家屋に土砂が押し寄せました。また、加古川では水位が氾濫危険水位に達しました。

2　篠原台を襲った土石流の原因は
　　盛土開発地の崩壊だった

　神戸市灘区篠原台では 7 月 6 日、花崗岩が風化し、まさ土化した裏山の小さな谷で土石流が発生し、大量の土砂や流木が流出し、40 棟以上に土砂が流入するなど甚大な被害を与えました。この住宅街は山麓部にありますが、被災地付近にはかつての谷があり、その周辺に家屋が立っています。実際、住宅の道路最奥には谷が明瞭に見られ、泥水が流れており、この道路が谷だったことを示しています（図 4−1）。土

図 4-1
旧谷の道路を流れた土石流とその堆積物。道路には泥水が流れている。

石流はこの旧谷だった道路を流れたのです。なお、住宅街を襲った土石流堆積物を見ると、花崗岩山地の土石流特有の大きな石がなく、ほとんどが砂と粘土で、中でも細かい砂から主になっていました。一般に土石流は巨石を先頭に高速で流れますが、巨石が見あたらないのです。このようなケースは花崗岩からなる谷ではまれです。なぜなら、花崗岩には方状の割れ目があり、その割れ目に沿って風化し、まさ土となっていますが、内側には硬い岩石が存在し、このまさ土と硬い岩石が土石流として流出するからです。おそらく上流に大量の細かい砂を主体とする土砂があり、そこが崩れた可能性が高いのです。

谷をさらに登ると、泥水が絶え間なく流れ、谷には段丘れき層が堆積し、さらに谷の側壁をみると、れき（粒径 2mm 以上の砕屑物）混じりの厚い土砂が見られます。この土砂は山腹で崖崩れが起こった時に、その崩壊土砂が堆積したもので、崖錐層（がいすいそう）と呼ばれるものです。そのほかにも過去の土石流堆積物も見られます。おそらく、この谷では昔から何回も崖崩れが起こり、その崩壊土砂が厚く堆積していたのでしょう。なお、川底には崩壊した石垣の一部も見られました。谷をさらに登るとコンクリートでできた治山ダムが根こそぎ折れ、土石流のすさまじさが感じられます。また、周囲の花崗岩を見ると、破砕され、一部、断層粘土を伴う破砕帯が見られ、その幅は数十 cm にもなります。活断層である諏訪山断層の延長にあたる断層です。この断層面に

88　Ⅱ　現場で何がおきていたのか

沿って沢側壁の崖が崩れています。断層面は破砕され滑りやすく崩壊しやすいのです。

谷の頭部直下にたどり着くと、谷の斜面が大きく崩壊していました（図4-2）。ここが崩壊し、その大量の土砂が谷に流出して谷を流れ、土石流となったのです。すなわ

図4-2
谷頭部を厚く盛土した開発地が崩壊。大量の土砂が谷へ流出し、土石流が生じた。

ち、ここが土石流の発生場所なのです。谷頭部の崩壊規模は、大規模で、その厚い崩壊土砂が谷を埋めつくしています。谷頭部の斜面を見ると、細かい土砂が主体です。なぜ、このような厚い土砂が谷頭部に見られるのでしょうか。自然現象では考えられません。よく見ると、崩壊斜面には崩れ残った石垣が見られ（図4-2）、崩れた石垣の一部が川底にありました。このことは、この谷頭部の大量の土砂は、人が盛った盛土であることを示唆しています。開発地の盛土の厚さは10〜20mを越えています。すなわち、まず谷に石垣を築き、そこに大量の土砂を入れ盛土し、広い平坦面を作って、畑など何らかに利用していたと思われますが、現在は、放置され、使用されていません。これで、住宅街の土石流が細かい土砂からなっていたことがうなずけます。なお、この谷頭部を盛土した斜面は、人工斜面なので大変脆弱です。そこに、400mmを越える豪雨が降り、雨水が容易に浸み込み、地下水位が上昇し、斜面途中から水が流れるパイピングなどが生じ、盛土の厚い土砂を支えきれなくなり、一気に崩壊したのでしょう。そして、大量の土砂が谷に流出し、谷水と混然一体となり、あたかも生コン状態で谷を

流れ、谷底に溜まっていた土砂も削り、さらに、側壁の崖錐堆積物も巻き込み、大きく成長し、一気に住宅街の旧谷である道路を流れ、住宅街を襲ったと考えられます。

　なお、盛土のまさ土を主体とする土砂は、粒が細かく、粘性が低いので遠くまで流れやすいので、大量の土砂は遠方まで流れ下ったため、多くの家屋が被害に遭ったのです。なお、谷には大量の土砂が残されているほか、崩壊斜面も、不安定なまま残り、ブルーシートがかけられています。ひとたび大雨が降れば、さらなる崩壊が生じ、大きな土石流発生の可能性があり、予断を許しません。

3　篠原台は土砂災害警戒区域に指定されていた

　大きな問題は、この被災住宅街付近は 2000 年の土砂災害防止法による土砂災害警戒区域に指定されていることです（図 4 - 3）[4.5]。そこが宅地となっていたのです。土石流が堆積する区域は大きな被害を受けるので、渓流出口の扇頂部から下流で、土地勾配が 2 度以上の区域を土砂災害警戒区域（[土石流] イエローゾーン）としています（図 4 - 3 の薄い太線で囲んだ暗色部）[4]。なぜ、土砂災害警戒区域のような危険地に多くの住宅が立っているのでしょうか。土砂災害警戒区域では警戒避難体制の整備を行うことが市町村に義務づけられていますが、開発や建築物の構造規制はありません。規制があるのは、土石流が襲う可能性が高い川筋低地の土砂災害特別警戒区域（レッドゾーン）のみです。しかし、篠原台は、土砂災害警戒区域なので開発許可や建築物の構造規制はなく、開発されたのです。同じことは、土砂災害警戒区域（急傾斜地の崩壊）でも言えます。これは斜面の傾斜が 30 度以上、高さが 5m 以上で、5 戸以上の家屋があれば指定されます[4]。篠原台付近では、土砂災害警戒区域（急傾斜地の崩壊）（図 4 - 3 の濃い太

90　　Ⅱ　現場で何がおきていたのか

線で囲んだ暗色部）の危険な崖直下にも家屋が立っています*5。土砂災害防止法により、自治体は土砂災害警戒区域内の土地の現状監視・把握する責務を負うことになるので、ハザードマップを作成し、住民に配布しています。

しかし、神戸市などではハザードマップの配布が中心で、指定の根拠などの詳しい説明を十分には行っておらず、篠原台住民のかなりの人は、篠原台が危険な地域であることを知らなかったのが実状です。さらに、神戸市は山麓開発を行ってきた歴史があり、そのため、六甲山麓周辺では、土砂災害危険地域と住宅地が隣接する状況が増加しています。土砂災害警戒区域を設けても、危険箇所は増え続け、防災が開発に追いつかないのです。同じような土砂災害警戒区域での被害は、広島市の安佐北区など、全国のいたるところで生じています。共通するのは、いずれも谷出口や崖直下など土砂災害危険箇所を開発し、住宅を建設していることです。このように、土砂災害警戒区域では、危険箇所の開発抑制は難しく、自治体は

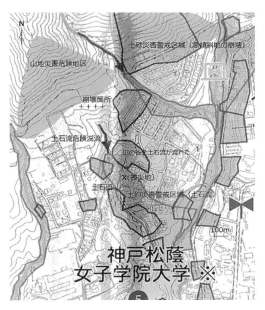

図 4-3

被災地付近（X）は土砂災害警戒区域（土石流）（薄い太線で囲んだ暗色部）に指定されていた。住宅街奥には土石流危険渓流（太い矢印）があり、その渓流頭部の盛土開発地が崩壊し（+印）、土石流が生じ、住宅街の道路（旧谷）を流れた（細い矢印）。

出所：神戸市役所（2018）防災特別号「くらしの防災ガイド」灘区 2018 年度保存版（土砂災害・水害に関する危険予想箇所図）に加筆*5

土砂災害特別警戒区域への見直しや条例などで危険地の開発を防ぐべきです。それが、篠原台土石流被害の教訓ではないでしょうか。

参考文献・資料（URL 最終確認 2018 年 8 月 21 日）

1　国土地理院（2018）「平成 30 年 7 月豪雨に関する情報」。
　　www.gsi.go.jp

2　兵庫県企画県民部（2018）「平成 30 年 7 月豪雨の被害等について（第 10 報）」。
　　https://web.pref.hyogo.lg.jp/kk03/documents/180710_10.pdf

3　国土交通省水管理・国土保全局砂防部（2018）「平成 30 年 7 月豪雨による土砂災害概要（速報版）」。
　　www.mlit.go.jp/river/sabo/H30_07gouu.html

4　国土交通省（2018）「土砂災害防止法の概要」。
　　www.mlit.go.jp/river/sabo/sinpoupdf/gaiyou.pdf

5　神戸市役所（2018）防災特別号「くらしの防災ガイド」灘区 2018 年度保存版（土砂災害・水害に関する危険予想箇所図）。

5

京都府

災害時の自治体連携と自治体疲弊

池田　豊

はじめに

　京都府では、2018年に入って大規模な自然災害が連続して起きています。6月震度5強を記録した（京都市、亀岡市、長岡京市、八幡市、大山崎町、久御山町）大阪北部地震、7月豪雨による大規模水害、さらに9月の台風21号の暴風雨により、電柱の損壊などで16万5000件にものぼる停電等インフラを含めた被害が起きました。

　同時に一連の自然災害は京都府内の文化財にも大規模で深刻な被害をもたらしました（表5-1）。国宝13件、重要文化財116件を含む国指定等205件、京都府指定等145件の文化財が被害を受け、文化庁、京都府を中心に被害調査、復旧作業等に多くの労力と時間を割くことになりました。

　2000年以降最も大きな被害をもたらしたのは、2004年の台風23号でした。死者15人、被害家屋1万戸以上という大きな被害がもたらされました。1953年8月の京都府南部の豪雨と9月の台風13号による

93

表 5-1　京都内文化財被害件数（2018 年 6 月～9 月）

		国指定等			京都府指定等	京都市指定等	合計
		国宝	重文	計			
大阪府北部地震	6 月 18 日	2	21	33	17		50
2018 年 7 月豪雨	7 月		2	13	6	1	20
台風 21 号	9 月 7 日	11	93	159	122		281

出所：9 月 14 日時点　京都府災害対策本部報告より作成。

通称ニッパチ豪雨被害（死者 332 人、行方不明 124 人、被害家屋 7 万 2559 戸）以降では最大の被害をもたらした災害でした。

　その後、2006 年豪雨、2012 年府南部豪雨、2013 年台風 18 号、2014 年 8 月豪雨が続きました。2013 年 8 月 30 日から運用が開始された「特別警報」（台風や集中豪雨により数十年に一度の降雨量となる大雨が予想される場合）は、2 週間後の台風 18 号の際に全国で初めて発令されました。

　「数十年に一度」に匹敵する集中豪雨や、日本いたるところで頻発する大規模地震は、京都府内をみてもほぼ毎年発生する状況となっています。

1　増大する自然災害と自治体職員

　国は東日本大震災の経験を受け、災害対策基本法の改正（2012 年、2013 年）を行いました。その一つが自治体間の応援対象をそれまでの「応急措置」から「災害応急対策」に拡充し、避難所の運営、罹災証明書の交付事務等に拡大をして、当該の市町村長が応援を求めることができるようにしたことです（第 67、68、74 条）。また市町村による避難所の生活環境整備の努力義務化、具体的には避難所の安全性・良好な居住性の確保、食料・衣料・医薬品等の生活関連物資の配布、保健医療サービスの提供等の避難者の生活環境の整備についての措置の義

務を課しました。

　総務省は東日本大震災、熊本地震を受けて 2018 年 6 月に「大規模災害からの被災住民の生活再建を支援するための応援職員の派遣の在り方に関する研究会報告書」(自治行政局公務員課)をまとめました。そこでは、「被災市区町村応援職員確保システム」と「災害マネジメント総括支援員」制度の二つのシステムの導入と整備を提言しています。大規模災害時に全国的な規模で地方自治体職員を中心に効率的、効果的に被災地に集中配置するシステムを構築するものです。しかし現実に日本が大規模災害の時代に入っているにもかかわらず、あくまでも全国の自治体間の相互支援・援助により対応することを前提としています。このシステムに頼り切り支援・援助の広域的公務員確保、配置と長期間派遣を繰り返すようになれば、派遣する側の自治体の体力を直接奪い、平時の防災力が弱まることにもなります。結果的には相次ぐ大規模災害への繰返し支援が、全国の地方自治体を疲弊させる可能性があります。

2　京都における災害と自治体職員

　京都では大規模な自然災害が 2012 年以降ほぼ毎年発生し、その業務にかかる当該自治体と京都府、周辺自治体の自治体職員、消防・警察職員、地域消防団員の出勤、出動回数は膨大な数となっています。

　災害の規模が大きくなるに伴い、応急的な対応と同時に、被災自治体は復興・復旧に向けた特別の体制を組み、長期にわたる業務が生じます。図 5-1 のように京都府の各自治体における災害時の出勤職員延べ数は、2012 年以降毎年のように延べ 1 万人を超えています。これに他自治体への災害応援を加えると、自治体への負担は大規模災害時代に入って一層大きくなっています。京都府おいては 1988 年〜2018 年

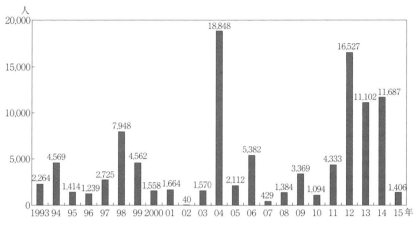

図5-1　京都府市町村災害時の職員出勤延べ人数
出所：2005年度〜2016年度版「京都府災害の記録」より作成。

の30年間で、府内の土木事務所は13から8か所、正規職員は679人から462人に削減され、災害対策の最前線となる地域振興局、土木事務所は地域から一層遠くなっています。自治体における公務員の大幅な削減と相まって、現場での即応体制は困難を極めていると言えます。さらに自治体職場では、臨時雇用職員や派遣職員など非正規労働者の増大、定年後の再任用職員、2020年から実施される会計年度任用職員により、さまざまな雇用形態が混在し、災害時の指揮命令の及ぶ範囲、雇用形態による行使できる権限など十分な検討、整理、対応がされていないのが現状です。

3　2年連続の大規模水害を受けた福知山の経験から

2014年8月16日から17日にかけて、福知山市（人口約7万8000人）を記録的な集中豪雨がおそいました。16日20時49分、京都地方気象台は福知山市旧市街地に土砂災害警戒情報を出し、翌18日7時5

分には自衛隊派遣の要請を決定しました。

2013年の台風18号による由良川、宮川の増水による浸水被害に続く2年連続の被害となりました。2014年の被害は前年の由良川沿いではなく、市街地を中心に3分の1の地域が浸水しました。前年の台風では床上床下浸水家屋は779棟でした

図5-2 報道された福知山市の水害
出所：京都新聞の許可を得て掲載。なお、2014年8月18日の航空写真は共同通信社提供。

が、2014年には3636棟にもおよび、被災住民の家屋被害が前年に比べ数倍の規模となり、対応しきれない行政の窓口では大きな混乱が生じました。同じ自治体における被害であっても、被災地域が異なることによって被害状況は大きく異なり、行政に求められる対応には大きな違いが生じます。

4 災害時の自治体広域連携

災害復旧時に重要な役割をはたすのが、一般住民によるボランティア活動です。2014年福知山水害では、40日間で4800人を上回る人たちが京都府内はもとより近畿圏内を中心に全国各地から支援に駆けつけました。その献身的な姿は連日多くのマスコミでも報道され、被災住民も大きく励まされました。

同時に災害発生直後の対応である災害応急対策と、その後の復旧・復興対策に必要不可欠な他の自治体からの職員派遣は非常に重要なも

表 5-2　8月豪雨災害に係る自治体からの職員派遣状況（8月19日～9月30日）

作業内容	合計	国	京都府内				兵庫県4市				その他			
		近畿財務局	京都府	京都市	府内25市町村	豊岡市	養父市	篠山市◎	朝来市	長崎県島原市	東京都市区（15区3市）	新潟県庁内8市及び	宮城県石巻市
被災廃棄物処理	648	0	12	122	354	60	10	10	50	30	0	0	0
被災家屋調査	1,361	35	273	0	661	48	40	64	132	64		44	0
り災証明書発行業務	67				0						67		
被災家屋消毒作業	538	0	268	0	242	0	12	16	0	0	0	0	0
被災者健康調査	136	0	88	22	26	0	0	0	0	0	0	0	0
被災者総合窓口	12				0								12
農林被害調査	22				22	0	0	0	0	0	0	0	0
総　計	2,784	35	641	144	1,305	108	62	90	182	94	67	44	12

8月19日から9月30日まで43日間。7業務、62団体、延べ2784名の派遣
- ●近畿財務局より＝1業務、延べ35名
- ●京都府より＝4業務、延べ641名
- ●京都府内25市町村より＝5業務、延べ1440名
- ●兵庫県災害時相互応援協定4市より＝3業務、延べ442名
- ●大丹波連携推進協議会による災害時等相互応援協定市（綾部市、亀岡市、南丹市、京丹波町、篠山市）より＝5業務、延べ287名
- ●長崎県島原市より＝2業務、94名
- ●東京都18市区より＝1業務、延べ67名
- ●新潟県及び8市より＝1業務、延べ44名（新潟県庁、長岡市、三条市、小千谷市、上越市、燕市、柏崎市、村上市、十日町市）
- ●宮城県石巻市より＝1業務、12名

出所：福知山市作成資料より作成。

のでした。この分野の取り組みと問題点は一般的に十分知られているとは言えないのが現状です。

　福知山市への支援を例にその支援内容を具体的にみると、大きく三つの分野に分けることができます（表5-2参照）。

　①緊急で即時的対応を必要とするもの

　　ⅰ）廃棄物処理、ⅱ）被災家屋消毒など

　②住民の生活再建の前提となるもの

　　ⅲ）被災家屋調査、ⅳ）農林被害調査、ⅴ）罹災証明書発行

③住民生活を身近に支えるもの

　vi）健康調査、vii）相談窓口など

　今回は8月19日から9月30日までの43日間に、京都府庁641人、京都府内25市町村等1449人（内京都市144人）。兵庫県の災害時相互応援協定を結んでいる4市から442人。東京都市区67人や3.11東日本大震災で大きな被害を受けた宮城県石巻市を含め他府県から217人の合計2784人（9月30日まで）の自治体職員が業務支援に当たってきました。

　その内容をみると、派遣元の自治体によって支援の位置づけが大きく異なることがわかります。とりわけ特徴的なのは京都市でした。全国の都道府県の中で一つの政令都市が当該道府県の人口の5割を超える自治体はありません。京都市は府の人口、総生産に占める割合は約57％となっています。しかし、今回の職員派遣は府内自治体から派遣された職員数の10％にすぎません。しかも、多くのパッカー車（ごみ収集に特化した業務用車両）を所有していることから廃棄物処理が大半を占め、最もマンパワーを必要とした被災家屋調査には全く派遣していません。

　そこには災害時の広域的職員派遣を、派遣する側の自治体がどのように位置づけているのかがよくあらわされています。被災家屋調査に派遣された近畿財務局、府内自治体、兵庫県内の自治体、東京からの職員に取材をしましたが、その多くが「災害時の対応を経験し各自治体に持ち帰ること」を目的の一つとしていました。

　そのことから次のようなことが今後必要であると考えます。

　①局地的であれ広範囲であれ大規模災害が、日本中どこでも今後頻発する可能性がある中で、自治体規模の大小に関わらず自治体職員の一定期間の業務支援が必要なことは明らかです。そのためにも自治体間の平時からの信頼関係に基づく災害時相互応援協定などの広域的連

携が極めて重要です（兵庫県の朝来市は京都市を上回る 182 人を派遣）。

　②被災自治体が他からの職員派遣を受け入れるには、内部の危機管理体制整備とともに、住民生活に直結した分野の自治体職員の平時からの確保が不可欠です（現業職、保健士、税務職、技術職、福祉職等）。

　③被災自治体、支援自治体が被災地域全体に迅速かつ的確な対応を展開するためには、行政としての「慣れ」が必要であること。総務省が計画している「被災市区町村応援職員確保システム」は人の配置と業務のマネジメントが中心ですが、個々の自治体と職員が被災現場で実際に体験した経験を派遣元自治体に持ち帰って、自治体としての経験値を上げ、災害時対応のノウハウを組織的に蓄積することが必要です。

　南海トラフ巨大地震、首都直下型地震、巨大台風や集中豪雨など災害の時代に対応できる国、自治体の対応を考えなければなりません。国の責任による新たな災害対応の専門的組織の確立を急ぎ、同時に自治体の防災機能の充実、人材の確保、防災教育、訓練の日常的体制の確立が急務と言えます。

Ⅲ

防災・減災のまちづくりへの課題

1

減災まちづくりと自治体の役割

室崎益輝

はじめに

　災害の時代を迎えています。地震については、海溝型の巨大地震の発生が危惧されており、内陸型の地震が相次いで発生するリスクも高まっています。それに加えて、他の論者が詳しく述べられるように、地球の温暖化の影響もあって太平洋の水温が上昇するなどして、記録的な豪雨による災害がもたらされるリスクも高まっています。

　この災害の時代にあって、災害から住民の生命と生活を守る責務をもつ自治体のあり方が厳しく問われる状況にあります。ところで、この自治体の災害から住民を守る役割を考えるにあたっては、1995 年の阪神・淡路大震災や 2011 年の東日本大震災はもとより、2014 年の広島土砂災害や 2018 年の西日本豪雨災害などから、災害対応の教訓を自省的に学ばなければなりません。

　近来の災害から引き出される教訓は、今までの自治体防災行政の抜本的な転換を求めており、地域密着型かつ市民主導型の「減災まちづくり」の展開と、その羅針盤となるべき「地区防災計画」の策定を求

めています。そこで本論では、教訓としての「減災」の考え方に触れ
つつ、減災まちづくりや地区防災計画の方向性を提起し、それを実践
すべき自治体の役割を明らかにします。

1　防災行政大転換の方向性

　阪神・淡路大震災や西日本豪雨などの大規模災害は、今までの防災
対策や防災行政の欠陥を、甚大かつ悲惨な被害と引き換えに私たちに
教えてくれています。東日本大震災にみられる「復興の深刻な遅れ」、
熊本地震にみられる「関連死の大量発生」、西日本豪雨にみられる「情
報伝達のミスマッチ」などは、自治体防災の大きな転換を求めている
といって過言ではありません。
　ところで、大災害が問いかける防災対策転換の重要なキーポイント
は、以下の3点に要約されます。

1　防災から減災へ
　従来は、防災対策とりわけハード対策で自然を抑え込み、被害をゼ
ロにしようとする、「防災」の考え方に基づく対策が主流でした。と
ころが、阪神・淡路大震災で自然の大きな力を見せつけられ、被害を
ゼロにしようとするのではなく、被害を少しでも少なくしようとする、
「減災」の考え方に切り替える必要に気づかされました。
　減災の考え方の根底には、「大きな自然に対して小さな人間」として
の自覚があります。それまでの、「防潮堤で津波を防ぐ、耐震化で倒壊
を防ぐ」といった技術を過度に信じた対応だけでは駄目なことを、自
覚したのです。私たち人間と社会に、驕りを捨て謙虚になることを要
請しているのです。

2 防災対策から危機管理へ

　阪神・淡路大震災までは、行政の部局名を見ると「消防防災」とか「防災対策」といった名称が使われていましたが、震災後は「危機管理」という名称が使われるようになっています。そこには、総花的あるいは縦割り的な防災対策から実効的で包括的な危機管理へという思いが込められています。それまでの防災対策は、「絵に描いた餅」と言われるように、個別的な対策が網羅的に示されているだけで、減災の目標を具体的に達成する方途や戦略が示されていませんでした。その欠陥を補うための危機管理なのです。

　危機管理という考え方は、個々の災害をバラバラに捉えるのではなく、危機として包括的に捉える、また、目標達成にリアリティを持たせるために、目標達成のマネージメントや実行管理に力を入れることを、求めています。防災のプロセスに、科学性や体系性を持ち込むことを企図しています。

3 行政主導から連携協働へ

　「地域防災計画」が行政の業務計画として策定されているように、防災対策は行政が責任をもって主導的に実施するものとされてきました。しかし、阪神・淡路大震災で、巨大災害では行政の力だけで対応できないことが明らかになりました。「自助、共助、公助」という言葉に示されるように、行政と地域コミュニティさらにはボランティアなど、多様な主体が協働して被害軽減にあたることが、欠かせないのです。

　ここでは、2つの協働が求められます。それは、「組織を超えた協働」と「職務を超えた協働」です。組織を超えた協働では、行政とコミュニティが連携すること、それに加えて企業やNPOが連携することが求められます。また、職務を超えた連携では、自治会役員はもとより消防団員、民生児童委員、防災士など、地域の中にいる多様な人

1　減災まちづくりと自治体の役割　　105

材が連携することが求められます。

2　減災の考え方と課題

　次に、阪神・淡路大震災などの教訓である「減災」の考え方に触れておきます。それが、自治体がその防災行政の規範とすべきとても大切な原則だからです。

　大きな自然に対する小さな人間としての自覚が、減災の根底にあると先に述べました。その小さな人間が、巨大な災害に立ち向かうには、できる事をできる形で積み重ねるしかありません。つまり減災では、「被害の引き算を対策の足し算」ではかるのです。減災のリアリズムは、小さくささやかな努力であっても、できる事を戦略的に積み重ねることから生まれます。ところで、この求められる対策の足し算の主要なものには、時間の足し算、空間の足し算、人間の足し算、手段の足し算の４つがあります。

1　時間の足し算

　時間の足し算は、「減災サイクル」（図１－１）という言葉で説明されています。「事前の対策、最中の対策、事後の対策」あるいは「予防の対応、応急の対応、回復の対応」の対策を足し合わせることをいいます。なお、予防の対応は改善対応と準備対応に、回復の対応は復旧対応と復興対応に、さらに分けることができます。このうちの事前の改善対応は、事前にリスクの解消をはかるもので、コミュニティ強化などの公衆衛生的な対策や耐震補強などの予防医学的な対策をいいます。

　さて、自治体の防災対策では事前対策の強化をはかることが求められています。自治体の防災対策を「地域防災計画」などで見ると、応急対応に著しく傾斜し、予防対応や復興対応が軽視されていることが

わかります。バケツリレーに代表されるような、災害が起きてからがんばればよいという「応急対応至上主義」の罠にはまっています。災害が起きてからでは遅く、脆弱な体質を解消する取り組みや非常時に備えた防備の取り組みを、災害の前にこそ強化しなければなりません。

図1-1　減災サイクル

　事前の予防対策だけでなく、事後の復興対策も極めてお粗末です。住宅再建の遅れやコミュニティ再建の遅れなどは、復興対策の弱さから生じています。被災地の人口流出や経済破綻も、同じく復興対策の弱さから生じています。関連死に代表される間接被害の増大に歯止めをかけるためにも、復旧や復興のソフト面を含めた対策の強化がかかせません。いずれにしても、多くの自治体の地域防災計画の応急編が全体の70％もあるのに、予防編が20％で復興編が10％という現状は、改めなければなりません。

2　空間の足し算

　空間の足し算は、国土レベルや都市レベルの対策と地区レベルや集落レベルの対策を足し合わせることをいいます。幹線道路だけでなく路地裏の対策もいるということです。美味しいお菓子のモナカは、アンコが良いのでカワは薄くて済みます。他方、アンコが悪い駄菓子屋のモナカは、カワが厚くなっています。アンコとカワは相互補完の関係にあるのです。路地裏はアンコ、幹線道路はカワです。コミュニティの助け合いはアンコ、巨大な堤防はカワです。

　現在の自治体の防災対策をみると、行政が手を出せる公共事業の範囲ということで、幹線道路はもとより防潮堤あるいは防災拠点の整備といったカワの部分に力を入れる傾向があります。ところが、市街地

大火の防止も、アンコの部分の市街地の老朽木造家屋を改善しなければ、カワの部分の幹線道路を不燃化するだけでは、不可能です。空間においても、マスケアだけでなくローカルケアが必要で、コミュニティレベルの対策の強化が求められます。後述する、コミュニティを基礎にした「まちづくり」が求められる所以です。

3　人間の足し算

　人間の足し算は、防災行政の大転換の鍵となる「連携協働」そのものです。多様な主体が、相互信頼と相互尊重のもとに力を足し合わせることが、求められています。「減災協働の正四面体」（図1-2）という考え方があります。コミュニティ、NPO、企業、行政の4者が、等距離で対等の関係でスクラムを組む形を、協働の正四面体と呼んでいます。とりわけ、行政とコミュニティあるいは市民との連携が大切です。

　ところで、地域の中にはさまざまな資質や役割を持った人々がたくさんいます。その多様な資質や能力を足し合わせて、被害軽減のための大きな力をつくることも欠かせません。地域の中にある、商店や工場などの事業所が地域協働の輪の中に入って、減災に取り組むことも欠かせません。この人間の足し算では、とりわけ女性の力を引き出すことが大切で、減災でも男女共同参画が必須の要件となっています。

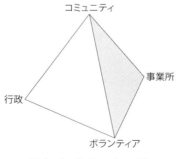

図1-2　協働の正四面体

　この人間あるいは組織の足し算では、コミュニケーション、コーディネーション、コオペレーション、コラボレーションの4つCoが大切で、「相互に尊重し合い、相互に補完しあう」関係づくりに努めるようにしなければなりま

せん。

4 手段の足し算

　手段の足し算は、ハードな技術に依存する防災からの脱却をはかる
うえで、不可欠の総合化です。ここでは、ハードウエア、ソフトウエ
ア、ヒューマンウエアといった属性別の対策の足し算が、まず求めら
れます。「心、技、体」という言葉がありますが、体格や体質といった
ハードに加えて、技能や技法といったソフトが必要です。そして何よ
りも、心理や心情といったヒューマンが必要です。避難情報が提供さ
れても「逃げようとしない人間」の存在はまさにヒューマンウエアの
問題で、心を変える教育が求められています。

　この対策の足し算では、退ける対策、耐える対策、逸らす対策、弱
める対策、避ける対策、逃げる対策といった手法別の対策の足し算も、
欠かせません。津波対策では、堤防で耐える、移転で避けるだけでな
く、ブロックで弱める、避難で逃げることも、足し合わせる必要があ
ります。施設整備、土地利用、避難計画、意識啓発などを組み合わせ
て、命と暮らしを守る「最適解」を、安全性だけではなく利便性や快
適性をも考慮して求める必要があります。

3 危機管理の考え方と課題

　減災の考え方に加えて「危機管理」という考え方を防災行政にとり
入れることも、忘れてなりません。危機管理は、大きく事前の「リス
クマネージメント」と事後の「クライシスマネージメント」に大別さ
れます。時間の足し算の考え方では、このどちらも大切だということ
です。試験に譬えると、リスクマネージメントは試験前の準備、クラ
イシスマネージメントは試験中の対応にあたります。ヤマをかけて勉

1　減災まちづくりと自治体の役割　　109

強するのがリスクマネージメント、ヤマが外れても苦境を乗り切るのがクライシスマネージメントです。

リスクマネージメントの要点を一言でいうと、「正しく恐れ、正しく備える」ことにあります。的確なリスクの理解や想定と、的確なリスクへの対応や準備が必要なのです。これに関わって、「悲観的に想定し、楽観的に準備せよ」という格言があります。悲観的ということでは、想定外を許さないためにも、最悪の場合を想定しておくこと、楽観的ということでは、最悪の場合でも苦境を乗り切れる見通しと力量を持つことが、求められます。

他方、クライシスマネージメントの要点を一言でいうと、「うまく態勢を立ち上げ、うまく状況に対処する」ことです。的確なクライシスへの態勢の構築や駆動と、的確なクライシスへの制御と対処を求めています。これに関わっては、「可及的に態勢を構築し、弾力的に事態に対処する」ことが推奨されています。可及的にということでは、タイムラインを意識して取り組むこと、弾力的にということでは、トレードオフを意識して取り組むことです。

1　リスクを捉える

リスクの想定では、起こりうる災害像をイメージして、最悪の事態も想起することがポイントとなります。まず、試験において過去問を探るように、過去の被災経験をチェックすることです。歴史時代の記録だけでなく、地盤調査等を通して有史以前の災害履歴を確かめることも忘れてはなりません。次に、災害の進化という言葉があるように、過去に起きなかった「新しい災害」「未知の災害」にも目を向ける必要があります。社会は刻々と変化しており、その変化に伴って災害の態様も進化してゆきます。それだけに、過去問の結果だけにこだわっていては駄目だということです。

ところで、科学の未熟さゆえに、また地球の深淵さゆえに、被害想定では大きな誤差や見落としが避けられません。地震の揺れや津波の高さなど自然現象については「倍半分程度」の誤差、火災の件数や経済の被害額など社会事象が関わるものについては「一桁オーダー」の誤差を覚悟しなければなりません。火災件数が100件という想定結果が与えられたとしても、それは1000件の場合も10件の場合もあると考えて、対策を考えておかねばなりません。

　想定における大きな課題に、「正常化バイアス」をいかに克服するかがあります。この「何が起きても自分だけは安全だ」とか「そういうことは我が町では起きない」とかいう思い込みは、市民だけでなく行政にもあります。自治体が災害に見舞われると、異口同音に「想定外のことが起きた」という声が上がります。行政ですぐに対処できないリスクは起きないことにして、やり過ごす悪弊が自治体にもあるのです。この悪弊を断ち切って、我がこととして「低頻度巨大災害」に備えなければなりません。

2　リスクに備える

　想定されたリスクに対しては、その想定される被害規模、その被害軽減の難易度、さらにはその発生の確率などを考慮して、減災の目標や方向を決める必要があります。例えば、発生頻度が100年に1回の災害であれば命も財産も守る、1000年に1回の災害であれば命だけを守るといった形で、目標を弾力的に設定する必要があります（表1－1）。想定された被害をどこまで許容するのか、安全性と利便性とどう折り合いをつけるかは、リスクマネージメントの重要な課題です。

　さて、減災の目標達成のプロセスを、いかにマネージメントするかも問われています。このマネージメントでは、総合的な対策の編成と効果的な実行の管理が必要になります。このうちの対策の編成では、

1　減災まちづくりと自治体の役割　　111

表 1 - 1　発生頻度と減災目標

	発生頻度	減災の目標
レベル 1	概ね数十年から百数十年に 1 回程度の頻度で発生する大災害	人命保護に加え、家屋等の住民財産保護、地域経済活動の安定、コミュニティの維持などに努める
レベル 2	概ね数百年から千年に 1 回程度の頻度で発生する超巨大災害	人命保護を最優先し、避難対策中心に対応し、財産等の喪失は止むを得ないものと認める

対策の足し算で触れたように、ハードウエアだけでなくソフトウエアやヒューマンウエアを重視すること、資材備蓄などの事前準備とともに体質改善などの事前減災を重視することが、不可欠です。事前の減災では、耐震補強や過密解消などによりリスクの緩和をはかることが求められ、事前の準備では、資源確保やマニュアル整備などによりクライシスに備えることが求められます。

　事前の準備では、応急対応や復興対応に必要となる「人、カネ、もの、仕組み、知見」を備えることが欠かせません。人材の育成、基金の確保、物資の備蓄などに加えて、対応の仕組みづくりが求められます。この対応の仕組みづくりでは、応急対応のための「インシデントコマンドシステム」の構築、復興対応のための「事前復興計画」の策定が欠かせません。緊急事態が起きた場合の、災害時の態勢やシフトをいかにつくるか、人材を含む資源調達をいかにはかるか、情報の収集と共有をいかにはかるか、被災者の生活再建をいかにはかるかなどの、対応計画を事前につくっておくのです。

　目標達成の実行管理では、計画する（PLAN）、実行する（DO）、効果を確かめる（CHECK）、対策を見直す（ACTION）という 4 段階の「PDCA サイクル」を回すことが、基本要件となります。ここでは、対策の実践がどこまで進んだか、それにより被害がどれだけ軽減できたかを繰り返しチェックして、減災目標の達成に一歩一歩近づいてい

かなければなりません。例えば、家具の転倒防止がチラシの配布だけ
で進まなければ、転倒防止の器具の配布や指導員の派遣をはかるなど、
取り組みの改善をはからなければなりません。避難訓練で所要の時間
内に完了しなければ、避難場所を近くに変更する、避難所への搬送手
段を準備するなど、避難計画の見直しをはからなければなりません。

4　コミュニティを基盤におく防災

　今まで見てきた大災害の教訓としての減災と危機管理はともに、事
前の取り組みや包括的な取り組みの大切さとともに、地域密着の取り
組みや住民主体の取り組みの大切さを教えてくれています。これらの
取り組みはいずれも、コミュニティを基盤にした防災活動の中から生
まれてくるものです。そこで、コミュニティ防災のあり方についても、
減災まちづくりや地区防災計画の根幹に関わることとして、言及して
おきたいと思います。

1　コミュニティ防災の必要性
　まず、地域に根ざした防災活動の必要性を整理しておきます。コミ
ュニティの防災活動は、行政がやるべき課題を下請けするのではなく、
コミュニティでしかできない課題を実践するものです。コミュニティ
にしかできない課題は、自衛性、即応性、自律性、共創性という4つ
のキーワードで説明することができます。
　自衛性というのは、公助や自助の限界を共助や互助でカバーすると
いうことです。大規模災害になると、公的な防災サービスが地域の
隅々まで届かなくなります。常備の消防が来なければ、コミュニティ
の消火活動で対処する、自治体からの非常食が届かなければ、コミュ
ニティの炊き出し活動で対処するといった、自衛的な活動が必要にな

1　減災まちづくりと自治体の役割　　113

ります。

即応性というのは、緊急の対応が必要な事案については、身近にいる人が先ず手を差し伸べるということです。避難勧告が出て救援を求める高齢者を手助けする、子どもが危険な遊びをしていると注意するといったことは、近くにいる人々がなすべきことです。

自律性というのは、自らの行動を自らで律するということです。コミュニティ環境の保全管理に努める、コミュニティ行動の危険抑制に努めることが、ここでは求められます。コミュニティの周辺で起きる違法駐車、不法投棄、不審者浸入などをチェックするのは、コミュニティの仕事です。コミュニティの安全や環境を保持するために、生活ルールを作ってお互いに守るといった取り組みも、自律性に関わることです。

共創性は、防災やまちづくりにおいて、お互いの利害を調整しつつみんなの力を合わせて、新しい価値を創造することです。安心できるコミュニティや未来につながる地域社会を、みんなのためにみんなでつくる必要があります。災害後の復興まちづくりなどでは、みんなの思いを寄せ合ってまちの再興をはかることが欠かせません。

2　コミュニティ防災の特質

阪神・淡路大震災での瓦礫の中に取り残された人を誰が助けたかというデータから、自助、共助、公助の関係を「7:2:1の原則」という形で強調する人がいますが、これは正しくありません。私は「5:∞:5」でなければならないと主張しています。自助と公助は責任で、共助は規範です。自助と公助はどちらも大切で、その責任は半々です。それに対して、共助や互助は無限大の可能性を秘めています。その共助の可能性を広げるうえで、コミュニティ防災が欠かせないのです。

ところで、コミュニティ防災の必要性とも関わるのですが、コミュ

114　　Ⅲ　防災・減災のまちづくりへの課題

ニティ防災は「隣保協働、地域密着、自主自発」という特質を持っています。この特性を生かす形で、共助の可能性を広げてゆくのです。隣保協働は「地域の助け合い」、地域密着は「地域の思いやり」、自主自発は「地域の主体性」に通じ、地域防災活動ではその特質を生かすことが求められます。地域に根ざし、相互に力を合わせ、自発性を大切に取り組むことが求められるのです。

5　減災まちづくりの必要性と可能性

　阪神・淡路大震災の神戸市長田区の真野地区では、住民と地元企業が連携して大火を食い止め、被害を最小限に抑えることができました。それは、高度経済成長時代の公害反対運動を契機に、企業とも連携したまちづくりを住民参加で進めてきた地域で、減災まちづくりを震災前から進めていたからです。まちづくりで地域力を醸成していたからです。この真野地区のまちづくりは、「減災まちづくり」という新しいまちづくりの原点となっています。それを原点として、それまでの行政主導の防災都市計画事業とは別に、市民主導の「減災まちづくり」の取り組みが、広がりつつあります。

1　減災まちづくりの理念
　減災まちづくりは、「減災、まち、つくり」の３つのキーワードからできています。
　最初の「防災ではなく減災」は、総合的な対策の足し算、とりわけ事前の取り組みを求めています。次の「都市ではなくまち」は、地域密着のローカルな取り組みを求めています。ところで、ここで漢字の街や町でなく平仮名の「まち」となっているのは、ハードとソフトの両面から考えるということで、ハードの街やソフトの町を使わずに、共

1　減災まちづくりと自治体の役割　　115

通の音をとって「まち」としています。まちづくりでのハードとソフトの融合を求めています。最後の「計画事業ではなくつくり」は、造り酒屋のつくり、手作りのつくりで、地域密着型の取り組み、ボトムアップ型の取り組みを指向しています。

2　減災まちづくりの課題

　減災の考え方を、空間のつながりと人間のつながりの重ね合わせを重視した、コミュニティの総合力と民主力で具体化してゆくことが、減災まちづくりそのものです。まち歩きや井戸端会議、地域のお祭りや寄り合い、ワークショップといった形で、対策の足し算を地域の実情に即して進めてゆくことになります。

　繰り返しになりますが、ハードウエア、ソフトウエア、ヒューマンウエアそれぞれについて、減災まちづくりの課題を列挙しておきます。ハードウエアでは、街並みや家屋を災害に強くすることが求められます。危険な過密木造市街地の解消をはかること、緑や水を取り入れて緩衝性を高めること、脆弱な家屋の耐震化や難燃化に努めること、家具の転倒防止や感震ブレーカーの普及に努めることなどが、まちづくりの課題です。

　ソフトウエアでは、コミュニティの防災力の向上をはかることが求められます。ここでは、何よりも顔の見える関係を作り上げることが欠かせません。そのうえで、コミュニティの防災計画や災害対応マニュアルを作って備えることです。ハザードマップをつくる、避難所運営計画をつくる、要支援者援護計画をつくることなども、忘れてなりません。さらに、事後の復興に向けての準備をしておくことも大切で、予め復興のビジョンや手続きを作っておくための「事前復興」の取り組みも重要です。

　ヒューマンウエアでは、居住者の防災意識を変え、その災害対応能

力を高めることが求められます。地域ぐるみの防災教育がここでは大きな課題となります。防災探検、防災訓練、防災学習などを、プログラムを作って持続的に展開することが大切です。

6　地区防災計画の推進

　減災まちづくりを進めていこうとすると、まちづくりの羅針盤となる「地区防災計画」の策定が欠かせません。阪神・淡路大震災や東日本大震災でコミュニティ防災の重要性が認識されたことから、2013年に2つの大きな法制度の改善がはかられました。その一つが、災害対策基本法の改正により「地区防災計画」の策定が認められるようになったことです。もう一つが、議員立法で「消防団を中核とした地域防災力の充実強化に関する法律」が制定されたことです。いずれも、コミュニティの防災力の向上をはかり、減災まちづくりの推進をはかることを、目的としています。

1　コミュニティ防災活動の新しいフレーム

　地区防災計画は、「一定地区の居住者および事業者などが共同して行う自発的な防災活動に関する計画」と定義されています。運命共同体としての共通目標を達成するために、今までの自主防災活動の固定的なスタイルにとらわれることなく、実効性のある新しい形のコミュニティ防災活動を目指すものです。

　地区の範囲も、計画の形式も、参加者の構成も、従来の自主防災組織の活動とは大きく違っています。計画の形式よりも減災の結果を優先するために、弾力性のある自由な活動フレームを設定しています。地区の範囲では、学校区や町内会の境界に捉われず、共通の境遇にある、利害を共有しているといったことを根拠に、計画策定の範囲を決めて

1　減災まちづくりと自治体の役割　　117

よいことになっています。

　地区の範囲では、河川の上流と下流が一緒に計画をつくる、行政の境を跨いで存在する団地が一緒に計画をつくる、町内会とは別のマンション単位で計画をつくることが、認められています。共通の利害を持つマンション単位で地区防災計画をつくる動きが加速しています。参加者の構成では、地区内に居住する者に限定せず、地区内で働く人や地区内に存在する事業者なども含めて、取り組むことが奨励されています。多様な担い手が得意技を持ち寄る形で連携することにより、減災の実効性を高めようとするものです。

　この参加者や構成員の多様化と弾力化は、高齢化によるコミュニティの担い手不足を補うことにも、民間企業の地域貢献の可能性を広げることにも、NPOや市民団体などの参画を促すことにもつながり、地域連携の幅を大きく広げます。

2　自律を引き出すボトムアップ型の防災

　行政が上から押し付ける計画ではないというところが重要です。つくることが義務づけられているのではなく、つくりたければつくってもよいという任意の計画です。計画の形式や項目にも決まりがなく、自由にマイプランとして作成することが推奨されています。「自由、自発、自律」がこの地区防災計画の重要なキーワードになっています。

図1-3　地域防災計画と地区防災計画

　まちづくりと同じで、みんなの思いを持ち寄ってみんなで形にする「ボトムアップ型」の取り組みそのものです。

　みんなでつくってみんなで実践する、みんなの命を守るためにみんなで実践することが、この計画の策定では暗黙の前提になっています。決めたことは守ると

いう自律性や規範性が要求されるのです。それだけに、協働意識や責任意識が深まり、計画の実行度が上がるものと期待されます。例えば、避難所の献立をみんなで決める場合、野菜を持ってくる人、お味噌を持ってくる人といった形で役割を決めますが、誰かがその決まりを破ると食事ができなくなることが分かっているので、みんなが決まりを守ろうとします。

3　自治体とコミュニティとの協奏と補完

　自治体のトップダウンの地域防災計画とコミュニティのボトムアップの地区防災計画とは、車の両輪の関係にあるといわれます。地域防災計画は公助としての自治体の責務を定め、地区防災計画は共助としてのコミュニティの責務を定めるものです。地区防災計画では、自治体ではなかなかできないこと、コミュニティでしかできないことが、計画として定めることができます。

　自治体は、画一的な食事をみんなに提供する、決められた形の仮設住宅を大量に供給するといった「マスケア」は得意ですが、個々の健康状態に合わせて異なる食事を提供する、家族の規模に応じて広さの違う仮設住宅を提供するという「アンメット（unmet）ケア」は不得意です。それに対して、コミュニティやボランティアは、個々人の状況に応じて細やかにサービスを提供することができます。自治体ができないことを地区防災計画で定め実行することができます。

　アンメットケアというか特殊解を提供するということでは、歩けない高齢者に自動車避難を認める、遠く離れた指定避難所ではなく近くの個人宅への避難を認めるといったことが、地区防災計画では可能となります。避難所での給食を辞め、個人の好みに応じた炊き出しをすることも可能になります。地域や個人に即して、リアリティがある効果的な対策を盛り込むことができるのです。

1　減災まちづくりと自治体の役割　　119

ところで、この地区防災計画は、自治体が地域防災計画で認定することにより、発効します。それは、コミュニティが勝手に計画をつくって進める私的なものでないことを意味しています。自治体は、コミュニティの自主性や自発性を尊重しつつ、行政と防災対応との整合性を確認しつつ、その計画を認めるのです。そのうえで、コミュニティの取り組みを公的なものとして、自治体が応援する責務を負います。官民の「対立から協調へ」を前提としたコミュニティの自発的活動だということができます。

7　自治体の責任と役割

　住民の命と暮らしを守るうえで、また、住民が進める減災や復興の取り組みを支援するうえで、住民の最も身近にある行政としての基礎自治体は、「大きな責務」を負っています。その責務は、防災自治の推進者としての責務、住民防災の支援者としての責務から説明することができます。

1　防災自治により住民を守る

　自治の原点は、「自らの地域は自らで守る、自らの将来は自らで決める」ことです。自治体は、住民の命と地域の将来を守ることを本来的な責務と捉え、自治の発動に全力を傾けなければなりません。災害対策基本法の第5条及び地方自治法の第2条で、住民の生命、身体、財産を災害から守る責務を基礎自治体が果たすべきことが明らかにされています。自治体は、防災や安全に対する住民の付託に応えなければならない、ということです。

　そのためには、住民の生命や生活さらには生業を守るための施策や業務を、今まで考察してきた減災や危機管理の原則に従って、自治体

120　　Ⅲ　防災・減災のまちづくりへの課題

には最大限の力を尽くすことが求められています。ここでは、対策の足し算を具現化した包括的で実効的な防災計画を策定すること、その計画の実施にあたっては実行管理と施策融合に努めること、国や県さらに民間企業はもとより地域コミュニティと連携をはかることが、基礎自治体には求められます。

　基礎自治体に防災の第一義的な判断が課せられているのですが、それはすでに述べた「即応性」に加えて「即地性」と「庇護性」という３つの言葉で説明することができます。即地性というのは、個々の住民の状況や地域の歴史や自然の特質も含め地域の実情に詳しいため、地域の実情に応じた対応ができるということです。庇護性というのは、被害を受ける住民の身近にあることから、被災者に寄り添って手を差し伸べることができるということです。

　なお、即地性ということでは、地域の特質に配慮し、地域の資源を活用し、住民の声に耳を傾けて、地域密着型の減災に努めなければなりません。庇護性ということでは、住民や被災者の立場に立って対策を進める姿勢を堅持しなければなりません。もし、被災者だったらどうして欲しいかを考えて、寄り添うことが欠かせません。最近は、減災や復興の予算が国や県から降りてくるということで、国や県の方に目を向けて住民の方に背を向ける傾向がみられますが、それは改めなければなりません。住民や地域の立場に立って、国や県の施策の変更を必要に応じて求めること、上からの施策を地域の実態に即して弾力的に運用することは、基礎自治体に課せられた責務です。

２　地域育成で協働をはかる

　繰り返し述べてきたように、公助あるいは自治体の力だけでは、安全で安心できる社会を築くことはできません。公助を補完する自助や共助の力を高めなければならず、そのためには、コミュニティそのも

のの強化とコミュニティとの協働をはかることが、自治体に求められます。

　行政とコミュニティとの関係は学校の先生と生徒の関係に似ています。自助や共助が大切だといって突き放してもいけないし、宿題を肩代わりするように過保護になってもいけません。エンパワーメントの視点から自治体が、住民やコミュニティが災害に強くなるように、背中を上手に押してやる必要があります。与える支援ではなく引き出す支援をして、住民と地域の減災力を高めるのです。そのために、減災まちづくりのアドバイザーを派遣する、地域で活動する防災士などを養成する、まちづくりや地区防災の先進事例の普及に心がけることが、先生役としての自治体の役割だといえます。

　住民や地域の力を高めつつ、相互に補完し合う関係をつくることも忘れてはなりません。行政の地域防災計画と地域の地区防災計画が車の両輪のように機能することを心がけなければなりません。そのためには、対等の立場で相互に信頼できるように、自治体が住民に心を開いてパートナーシップを築いていくことが欠かせません。

2

避難所・避難生活の現状と課題

塩崎賢明

はじめに

2018年は自然災害が多発しました。6月にはまさかと思われる大阪北部地震が発生し、7月には西日本豪雨、ついで関西地方をおそった台風21号、さらには北海道胆振地震が起こりました。一連の災害は阪神・淡路大震災や東日本大震災のような巨大災害ではないものの、死者200人を超えるような犠牲者と多数の住宅被害をもたらしました。巨大災害ではないにもかかわらず、関西空港の水没や北海道全域の停電（ブラックアウト）といった全く予想しなかった広域的被害をも発生させ、地震と豪雨とが連続することによる被害の拡大という複合災害の恐ろしさも見せつけました。

日本列島は、南海トラフや千島海溝付近の巨大地震がいつ起きてもおかしくないという状況の下で、プレートの圧力の強まりによって内陸直下型地震が全国のどこでも発生します。同時に気候変動のもとで、従来の経験をはるかに超えるような豪雨・強風・高潮などの気象災害が多発し、それらが地震災害と複合するようになっています。われわ

れは「日本は災害大国」という認識を一応は持っているものの、その意味するところが誰にとっても身近で差し迫ったものになっているのです。

1　防災と減災

　従来、自然災害への対策は「防災」と呼ばれてきましたが、災害そのものの発生を防止することはできないため、最近では被害を最小限にくい止めるという意味で「減災」の用語が使われることが多い。被害を抑えるには、災害発生前の事前対策と発生時の緊急対応が重要であることはいうまでもありませんが、同時に災害が過ぎ去ってからも危機が継続し、命や健康が損なわれることを軽視してはなりません。すなわち、復旧・復興の過程における災厄であり、これらは自然の猛威そのものが原因ではなく、継続する危機に対する人間側（社会）の対応の欠陥が原因です。その意味において天災というよりも人災です。筆者はそうした復旧・復興過程の災厄を「復興災害」と呼んでいます。
　復興災害にはさまざまなものがありますが、もっとも典型的なものは、災害後に人命が失われる関連死や孤独死、自殺などです。近年の災害は、災害後の関連死の割合が相対的に増加する傾向にあるのが一つの特徴です。

2　関連死の多発

　東日本大震災の死者・行方不明者は 1 万 8434 人ですが、関連死は3676 人にのぼり（2018 年 3 月、警察庁・復興庁）、福島県の関連死が全体の 61% を占めています。
　表 2-1 は最近の地震による人的被害を表していますが、直接死に

表 2−1　直接死と関連死

	直接死(A)	関連死(B)	B／A　％
阪神・淡路大震災	5,505	932	16.9
東日本大震災	18,434	3,676	19.9
内、福島県	1,810	2,227	123.0
その他	16,624	1,449	8.7
熊本地震	55	212	385.5

注：直接死には行方不明を含む。
出所：東日本大震災の直接死、関連死は 2018 年 3 月現在。警察
　　　庁及び復興庁。熊本地震の直接死は、直後の水害犠牲者 5
　　　人を含む（朝日新聞 2018 年 4 月 14 日）。

対する間接死（関連死）の割合をみれば、阪神・淡路大震災では 16.9
％ でしたが、東日本大震災では 19.9％ となり、福島県に限れば関連
死の方が直接死を上回り、その割合は 123％ です。さらに熊本地震で
は 212 人が関連死でなくなっており、直接死の 4 倍近くに達していま
す。関連死の大きさが最近の災害の一つの特徴と言えます。

　212 人に上る熊本地震の災害関連死については、建物の倒壊を恐れ
て車中泊する避難者が続出したことも大きな要因と考えられています。
「車中泊の経験があった 59 人は男性 31 人、女性 28 人。年代別では、80
代が最多の 19 人に上り、70 代以上が 40 人と 7 割弱を占めた。200 人
全員の死因は明らかではないが、熊本県が 17 年 8 月末に関連死した
被災者の死因を調べたところ、呼吸器系疾患 53 人、循環器系疾患 50
人、突然死など 28 人が目立った。車中泊と関連死の因果関係は不明だ
が、狭い車内で長時間同じ姿勢を強いられるため、下半身にできた血
の塊（血栓）が肺の血管を詰まらせるエコノミークラス症候群を誘発
することが指摘されている」（毎日新聞 2018 年 1 月 4 日）。

　関連死は、災害そのもので助かった人がその後の復旧・復興過程で
亡くなるもので、本来避けることが可能な災厄であり、いわば人災で
す。災害そのものよりも人災で亡くなる人のほうが多く、しかもそれ

2　避難所・避難生活の現状と課題　　125

表 2 - 2　震災関連死の原因（複数選択）

	病院の機能停止による治療遅れ	病院の機能停止による既往病の増悪	交通事情などによる治療の遅れ	避難所等への移動中の肉体・精神的疲労	避難所等における生活の肉体・精神的疲労
岩 手 県 宮 城 県	39	97	13	21	205
福 島 県	51	186	4	380	433
合　計	90	283	17	401	638
該当割合	7.1	22.4	1.3	31.7	50.5

備考：市町村の資料を基に、復興庁において、原因と考えられるものを複数選
出所：復興庁「東日本大震災における震災関連死に関する報告（案）」2012 年

が増加しているとは一体どういうことか。ここには、災害対策の重大な欠陥が現れています。

3　関連死の主な要因

　復興庁によると、関連死の原因で最も多いのが「避難所等における生活の肉体・精神的疲労」（638 件）、ついで「避難所等への移動中の肉体・精神的疲労」（401 件）であり（複数選択)、この二つが、亡くなった 1263 人の死因の 50％、32％ に該当します[*1]。1263 人のうち、福島県の被災者 734 人に絞ってみてみると、上記項目は［433 件、59％］、［380 件、52％］となっており、大半の人々が避難所やそこへの移動におけるダメージが原因となって亡くなっていることがわかります。

　このような関連死は、事前の防災対策や避難訓練などで防げるものではありません。住まいを失った場合に健康を維持し、生活を再建する手立てをあらかじめ準備しておかなくてはなりません。しかし、日本の避難所は誰もが知るとおり、きわめて劣悪、非人間的な環境です。

126　　Ⅲ　防災・減災のまちづくりへの課題

地震・津波のストレス	原発事故のストレス	救助・救護活動等の激務	その他	不明	合　計（母数1,263人）
112	1	1	110	65	
38	33		105	56	
150	34	1	215	121	
11.9	2.7	0.1	17.0	9.6	1,263

択。
8月21日。

4　避難所の現状

　写真（図2-1）は阪神・淡路大震災以来の避難所と1930年北伊豆地震の避難所の様子を示しています。体育館などでの雑魚寝状況は最近20年にほとんど改善が見られないばかりか、じつに80年以上も前の状態と基本的に同水準なのです。

　狭い場所に多数の人が雑魚寝状態で生活する避難所や車中泊などの危険性は、医学的に明白です。いわゆるエコノミークラス症候群は、専門的には静脈血栓塞栓症と呼ばれ、下肢深部静脈血栓（DVT: deep vein thrombosis）と肺塞栓症を合わせた疾患群とされます。二足歩行する人間にとって、下肢の静脈血が循環するために筋ポンプ作用が必要ですが、長時間動かない状態が続くと血液はうっ滞します。これが解消されなければ血栓がちぎれて血管を流れ心臓、肺動脈に流れ閉塞し、死に至ることがあります。

　また静脈血栓（DVT）は必ずしも一過性でなく、数年も継続し、さまざま病気の原因になるとも言われています[2]。

雑魚寝は血栓症を引き起こすのみならず、床の冷たさが体に直接伝わる、床から舞い上がるほこりや細菌を吸い込む、高齢者や体力の弱い人にとって起居が困難となる、プライバシーが保てないなど、さまざまな弊害をもたらします。もっとも血栓の予防という点に限れば弾性ストッキングの使用が効果があるといわれており、その普及が望まれますが、しかし雑魚寝のもたらす血栓以外のさまざまな弊害を考えると、避難所での雑魚寝や車中泊は即刻やめるべきです。

5　避難所の環境基準

避難所のあるべき環境については、スフィア基準やアメ

図2-1 避難所の様子＝上から1995年阪神・淡路大震災（神戸市提供）、2011年東日本震災（水谷嘉浩撮影）、2016年熊本地震（水谷嘉浩撮影）、1930年北伊豆地震（毎日新聞社提供）

リカ疾病予防管理センター（CDC: Centers for Disease Control and Prevention）のアセスメント項目などが知られています。

スフィア基準とは、国際人道法や人権法、難民法の規定に含まれる尊厳のある生活への権利、人道援助を受ける権利、保護と安全への権利を実現するために、人道援助を行う NGO のグループと国際赤十字・赤新月運動によって 1997 年に開始された「スフィア・プロジェクト」が定めた、生命を守るための最低限の基準です。そこには権利保護の原則のほか、給水、衛生、衛生促進に関する最低基準、食糧の確保と栄養に関する最低基準、シェルター、居留地等に関する最低基準、保健活動に関する最低基準などが盛り込まれています[*3]。

また、アメリカ CDC の基準では、水道・お湯が使える、一人当たり 3.3m^2 以上のスペースがある、電気が使える、室内が寒くない、避難所で食事を作る、配膳する、食事が冷たくない、十分な簡易ベッドなどがある、子どもの遊び場がある、おむつ替えの場所が清潔であるといった 55 の項目を掲げています[*4]。

6 イタリアの事例

日本の体育館での雑魚寝の避難所では、これらのほとんどの項目をクリアできないでしょう。雑魚寝以外でも、食事やトイレといった生存に不可欠な行為も避難所では極めて厳しい。冷たいおにぎりやサンドイッチの配給を受けるのに 1 時間も並ぶといった様子がしばしばみられます。工事現場用の和式トイレは狭く、多くの高齢者や女性には使いづらい。トイレの使用を極力少なくするために水分の摂取を減らし、それがまた体調悪化を招くといった悪循環もみられます。避難所・避難生活学会では、避難所の現状を改善するために、清潔で快適なトイレ（T）、現場で作られた温かい食事の提供（キッチン K）、簡易ベ

表 2 − 3　アメリカ疾病予防管理センター（CDC）の
避難所環境アセスメント項目（抜粋）

・水道が使える／お湯が使える
・一人あたり 3.3 平米以上のスペースがある
・電気が使える／停電用発電機がある
・避難所で食事を作る。配膳する。食事は冷たくない
・食事は十分供給される。食事は十分ストックされている
・食事前の手洗いが可能。食器洗いが可能
・清潔なキッチン
・十分な簡易ベッド、マットなどがある
・ベッド（布団）の定期的な交換がある
・十分なベッドスペースがある（3.3 平米以上）
・おむつ交換の場所は清潔
・子供の遊び場に手洗い場がある
・遊具は十分にある、安全である
・子供の食事場所は清潔である
・面倒を見る大人の数は十分である
・遊び場は受け入れられる清潔度がある

ッドの導入（B）が死活的に重要であるとし、TKB の 3 点をまず改革することを提唱しています[*5]。

　イタリアはヨーロッパの中でも昔から有数の地震国で、最近でも 2009 年ラクイラ地震、2012 年エミリア地震、2016 年アマトリーチェ地震などが相次いでいます。それらの地震にさいしてイタリアでは、発災後 1 ～ 2 日のうちに被災者用のテント、ベッド、シャワー付きのトイレユニットなどが備わった避難所が作られ、医師・看護師と設備が整った医療用の巨大テントが設置されています。食事についても、高性能のキッチンカーが出動し、温かいパスタや肉、ハム、サラダ、チーズ、ジュース、ワインなどが提供されています。避難所で豊富なメニューやワインまでが出されるといえば、日本との違いに驚き、にわかに信じがたいという向きもありましょうが、イタリアのこうした対応は遅くとも 1980 年代から行われているのです。1980 年イタリア南部地震の模様を現地視察した日本人研究者はこう述べています。「テン

130　　Ⅲ　防災・減災のまちづくりへの課題

図 2-2 イタリアの避難所＝テントとベッド（左）、食事（2017 年 9 月、イタリア・ラクイラ、筆者撮影）

トで食堂が作られ、メニューはパン、スパゲティ、ハム、ソーセージ、ビーンズ、スープ、ワイン、ジュースつきで日本の炊き出しおにぎりと比べたら大変なごちそうであった」[*6]。

このような避難所の設置・運営ができる背景に、イタリアには中央政府に市民安全省（Protezione Civile）があり、各州や市町村にその下部組織が置かれ、また全国に 120 万人ともいわれるさまざまな専門的な技能を持つボランティア組織の存在があります。大規模災害での復旧・復興を「市町村が主役」などといって自治体任せにするのではなく、災害時にも通常の生活を保障するというナショナルミニマムを確保する体制ができているのです[*7]。

7　内閣府ガイドラインと現場の実態

日本政府も現在の避難所の状況を好ましいと考えているわけではなく、公式には改善の方向を打ち出しています。東日本大震災を受けて、災害対策基本法が改正され、「避難所における良好な生活環境の確保に向けた取組指針（2013 年 8 月）」が策定され、この「指針」に基づき、2016 年 4 月には「避難所運営ガイドライン」が作成されました。市町村が取り組むべき、災害発生時に必要となる基本的な対応を事前に確

認し、災害対応の各段階（準備、初動、応急、復旧）において、実施すべき対応（19 の項目）業務をチェックリスト形式で取りまとめたものです。

　その冒頭には避難所環境の質の向上についての基本的な考え方が示されています。すなわち、「避難所は、あくまでも災害で住む家を失った被災者等が一時的に生活を送る場所です。公費や支援を得ての生活であることから『質の向上』という言葉を使うと『贅沢ではないか』というような趣旨の指摘を受けることもあります。しかし、ここでいう『質の向上』とは『人がどれだけ人間らしい生活や自分らしい生活を送ることができているか』という『質』を問うものであり、個人の収入や財産を基に算出される『生活水準』とは全く異なる考え方であるため、『贅沢』という批判は当たりません」[*8]。

　ここには、避難所の現状が、人間らしい生活を送るという観点からみてけっして良い状態ではなく、その質の向上を図ることは決して贅沢ではないという、きわめて真っ当な見解が示されています。

　続いて、避難所の運営サイクルの確立、情報の取得・管理・共有など避難所運営の基幹的業務の進め方から始まって、食料・物資管理、トイレの確保・管理、衛生的な環境の維持、避難者の健康管理、寝床の改善、衣類、入浴、女性・子供への配慮、ペットへの対応などの項目についてチェックリストが付けられています。現在の実態からすれば、かなりの前進と評価できますが、なお問題点もあります。

　寝床については以下のような項目が挙げられています。

- ・床に直接寝ることでアレルギーや喘息等の悪化、エコノミークラス症候群発症の危険性を認識する
- ・寝具として毛布を確保すること、間仕切りを確保する
- ・畳・カーペットの設置を検討する、段ボールベット等簡易ベッドの設置を検討する

雑魚寝の危険性を指摘していますが、その解消方法としてのベッドの導入は検討事項にとどまっています。

トイレについては、きめ細かい事項が挙げられていますが、トイレそのものの機能性や快適性の向上には触れていません。

・備蓄している災害用トイレを避難所に届ける手段を確保する
・各避難所のトイレの不足数を把握する、要配慮者専用トイレを確保する
・トイレの利用状況（並んでいないか、待ち時間はあるのか等）を把握する
・女性や要配慮者に意見を求め、改善を実施する
・子供用のトイレ（便座）を確保する

食事についても、栄養面やアレルギーなどへの配慮がありますが、基本的に備蓄食料と炊き出しが主流となっており、温かい食事をテーブルで食べるという水準にはなっていません。

・地域の資源（食料等）の活用を実施する、備蓄物資の配布を実施する
・炊き出し実施のための調理器具や食材を確保する
・アレルギー対応等特別食の確保を実施する、個人属性に応じた栄養面への配慮を実施する

その後、九州北部豪雨（2017年）に際して出された内閣府防災担当参事官の通達では、避難所の長期化が見込まれる場合には、簡易ベッド、畳、カーペット、間仕切り、仮設洗濯場、仮設炊事場、簡易シャワーなどを備えて生活環境の改善対策を講じることとしています。また、食事についても、メニューの多様化、適温食の提供、栄養バランスの確保、高齢者や病弱者に対する配慮などを求めています[9]。

しかし、その後も多くの災害が起こっていますが、被災現場ではこれらのガイドラインや通達があまねくいきわたり状況が改善されたか

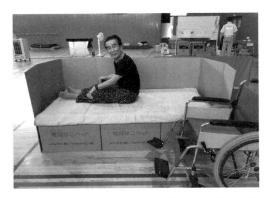

といえば、そうではありません。避難所・避難生活学会の事務局長は避難所に段ボールベッドを導入するボランティア活動を何年も行っていますが、ベッドを持ち込んでも拒否される場合が後を絶たないといいます[*10]。その理由は、ベッドは必要な

図2-3　段ボールベッド（2018年8月、大阪北部地震、水谷嘉浩撮影）

い、前例がない、不公平になる、責任が持てない等々です。避難所運営に当たっている自治体や社会福祉協議会の担当者の多くは、災害や避難所運営の経験がなく、新しいことを回避しようとする傾向があります。比較的よさそうな反応でも、被災者の要望を聞いてから対応するというものですが、被災者の多くは避難自体の経験がなく、雑魚寝の危険性やベッドの重要性を理解しておらず、自分の口から要求を出すことは少ないのです。実際には、ベッドを導入した避難所では被災者自身が快適で喜び、また血栓の有無などの検査でも明らかに効果があることが示されているのです。状況の改善には、ガイドラインや通達を出すだけでは不十分で、最前線の自治体などの担当者や被災者自身の意識改革が不可欠です。

8　在宅被災者

　避難生活におけるいま一つの重要問題は「在宅被災者」です。災害で命は助かったが、住宅が大きく破壊され、わずかに残った部屋で暮らしている人々です。さまざまな理由で避難所や仮設住宅に行かずある

いは行くことができずに自宅にとどまっている彼らは、行政から「被災者」として認定されません。

東日本大震災では、避難所が被災者であふれかえり、遅れてたどり着いた被災者が避難所に入れなかったり、障害者や要介護者を抱え避難所の環境に耐えきれず、壊れた自宅に戻った人もいました。かろうじて残った一部屋で電気や水道、トイレや風呂が使えない状態で数か月暮らした人や、いまなおそういう生活を続けている人もいます。

在宅被災者という人々が発生するのにはさまざまな理由があります。

第1に、避難所がすべての被災者を受け入れる状態にないことがあります。先に述べたように、避難所の生活環境は極めて非人間的で、健康な人にとっても過酷です。持病を抱えた人や障害のある人、介護を必要とする人々にとって、けっして快適ではなく、かえって苦しみが増す恐れがあり、避難所に行くことがためらわれ、自宅の一部が残っている場合にそこにとどまるという選択肢が生まれるのです。

第2に、被災者にとって自宅が一番安心な場所であり、またわずかに被害をまぬかれた家財などを守り、思い出の品などを保全したいという心情も働きます。

このような自ら避難所に行かない人々も本来は被災者であり、支援を受けるべきですが、被災者当人がそういう意識がなかったり、あるいは遠慮したりで、悲惨な状況下で暮らしています。行政側も避難所にいる被災者のことだけで忙殺され、姿の見えない在宅被災者を積極的に調べて支援する余力がないのでしょう。この点について、先の内閣府ガイドラインでは、避難所の外にも避難者は存在するとして、「在宅避難者」の安否確認、ニーズの把握、生活支援の実施を取り上げています。しかし、実際にそれが的確に行われているとはいいがたいのが現状です。

第3に、被災者支援の制度的な問題もあります。壊れた住宅を修理

図2-4 在宅被災者の住宅＝床が傾き、トイレ・風呂が壊れたまま（2018年9月、石巻、筆者撮影）

する場合、災害救助法による応急修理制度があり、最大で58万4000円の支援金が受けられます（2018年現在）。しかし、この支援制度を利用すると、避難所での支援や仮設住宅・災害公営住宅の申し込み応募ができなくなります。自宅を修理した人は、住む家ができたわけだからそこで、被災者としての支援は終わりというわけです。しかし、実際には、58万円で修理できる部分はごくわずかに限られます。躯体の修理はおろか、台所、トイレ、風呂などの生活に欠かせない主要部分を修理するには全く不十分な金額です。在宅被災者の住宅を見てみると、大体は自分が寝起きする一部屋だけを確保し、その他はあばら家同然で、雨漏りや隙間風、部屋の傾きなどがそのまま放置されているという例が少なくありません。大多数の被災者は応急修理制度と他の支援制度との競合関係などについて十分に知らないまま、制度を利用しているのです。

　在宅被災者の存在にいち早く気づき、支援してきたボランティアグループ「チーム王冠」の伊藤健哉氏や「石巻医療圏　健康・生活復興協議会」（RCI: Health and Life Revival Council in Ishinomaki district）による、2011年10月から2012年に及ぶ調査活動では、のべ1.2万世帯の在宅被災者に接しています。

在宅被災者はけっして被災直後だけの存在ではなく、その後もさまざまな不利益を受けながら生活再建を阻まれています。2014年にチーム王冠が宮城県石巻市と女川町で在宅被災者1100世帯を調査し538世帯の回答を得たところ、住宅修繕が完成したもの51％、未完成が43％で、未完成の理由の61％は金銭的な理由でした[*11]。

　在宅被災者は東日本大震災の石巻や豪雨被害の岩手県岩泉町などに多数みられますが、熊本地震や豪雨災害などの被災地にも存在します。災害で命は助かったものの住宅が大きく壊れ、全壊・半壊に至らないまでも、修理に多額の費用が掛かるという例は多い。現在の制度では、半壊以下の場合ほとんど満足な支援が受けられませんが、高齢で年金暮らし、病気を抱え医療費もかかるといった場合、自力で住宅の修理や再建はできず、半ば壊れた住宅で在宅被災者になる可能性が、全国どこでも誰にでも降りかかるのです。

9　避難生活の改善のために

　避難所の劣悪な環境や在宅被災者の状況を改善するには、劣等処遇をよしとする現行の災害対策の見直しが不可欠ですが、同時に現場の直面する自治体の首長や職員および被災者自身の意識の改革も重要です。被災した多くの自治体では「こんなことは初めてなので」といって、マニュアルどおりの対応しかしない（できない）ことが多いですが、例えば災害救助法関係の施策でも、一般基準にとどまらず特別基準を活用することにより、被災者の実態・ニーズに合わせて柔軟に対応することが制度的にも可能です。当該自治体では「初めてのこと」かもしれないが、日本全国では毎年各地で災害が起こっており、その教訓を平時から学んでおかねばなりません。被災者も、「こんな時だから」といって自らの身体的・生活上の困難を抑え込んで我慢するとい

った姿勢を脱却しなければなりません。健康で文化的な生活をすること自身は決して贅沢ではなく、命と健康を守るうえで当然のことであり、そのために必要な支援を受けることを躊躇すべきではない。そのことによって、国民全体の災害時の生活環境の向上につながるのです。

いうまでもなく、憲法25条は健康で文化的な最低限度の生活を営む権利をすべての国民に保障しており、国はすべての生活部面について社会福祉、社会保障、公衆衛生の向上、増進につとめなければならないとしています。この規定に災害時は除くといった但し書きがあるわけではありません。むしろ、憲法が制定された戦後直後の状況は国民すべてが生活に困窮しており、いわば現在の被災者と同様の状態であったのであり、憲法はそういう国民の救済を国に課しているのです。国の財政は当時に比べてはるかに豊かになっており、それが十分可能であるにもかかわらず、数十年にわたって非人間的な避難所の状態を放置し、そのために膨大な犠牲者が出ていることはまさに憲法違反の状態というべきです。

10　今後の備え

近い将来、南海トラフ巨大地震や首都直下地震などの発生が確実視されています。それに備えて、建物の耐震化や避難訓練などさまざま取り組みが行われていますが、忘れてはならないのが、災害後の被害を防ぐことです。災害を生き延びた被災者が亡くなったり、健康を害することがないよう、復興の備えもまた重要です。

被災者の人間的な生活の確保、生活・生業の再建には、まずもって避難所の生活環境の改善が必要であることは言うまでもありませんが、その後の住宅復興のシステムも改革しなければなりません。避難所は一時的、過渡的な居場所であって、より安定した仮住まいや終の棲家

が最終的な目標です。

避難所、仮設住宅、そして公営住宅というプロセスが住宅復興の定番のように考えられていますが、現実にはその過程に長い時間がかかり、かつコストの無駄も多い。筆者は、できるだけ個々人が自由に自立再建できるように十分な財政的支援を行うほうが、無理がなく財政的にも安く、合理的であると考えます。従来のプレハブ仮設住宅は粗悪でコストが高く資源浪費型であり、公営住宅も自由度が低く、コストは高い。もちろん、資金がなくそれに頼らざるを得ない人々にとっては極めて重要な施策であり、これを軽視するものではありませんが、中間所得層で災害により住まいを失った人々の中には、自宅敷地があり、資金的支援さえあれば、自力再建できる人も多数います。こうした人々への支援を充実させることによって、行政需要を大きく低減させ、被災者当人にとって満足度の高い復興を行うことができます。

現行の応急修理制度では、さまざま要件を課したうえで支援金は現在わずか58.4万円しかでない。これでは、満足な修理はできず、在宅被災者発生の要因となっています。これを大きく改善し100万円以上の十分な資金を出し、本格修理することができれば、被災者はたち直ることができ、災害公営住宅の需要を低減させ、在宅被災者も防ぐことができるでしょう。

被災者生活再建支援法の改正、支援金の増額も不可欠です。現行の最高300万円では住宅再建にほとんど役立たない。これを少なくとも500万円以上に引き上げ、また半壊以下の被害者にも何らかの支援金を支給することが求められます。

被災者の自立再建を金銭的に支援すると国の財政がもたないと考えるかもしれませんが、実際にはこの方が安上がりです。行政コストを比較すると、仮設住宅の建設から公営住宅の建設・提供にかかる費用は1戸当たり2439万2000円ですが、仮設住宅建設から被災者が自力

建設・購入する場合の行政コストは1戸当たり743万1000円ですむといいます[12]。被災者が仮設住宅に入らず、避難所から直接自力再建すればそのコストは一層安く済むのです。

東日本大震災では25兆円ないし32兆円という莫大な復興予算を投入していますが、それを合理的に使用すれば、避難所の改善や自立再建支援策は十分に可能です。南海トラフ巨大地震では、死者32万人、220兆円の経済被害（土木学会予測では20年間に1410兆円）と予測され、仮設住宅は205万戸必要という。むしろ現在のシステムを続けていくならば、これに立ち向かうことは極めて困難であり、災害後の復興災害も防ぎきれないでしょう。

注（URL最終確認2018年10月4日）
1 　内閣府「第3回震災関連死に関する検討会」2012年8月21日。
2 　榛沢和彦監修『いのちと健康を守る避難所づくりに活かす18の視点』東京法規出版、2018年。
3 　スフィアプロジェクト2011年版「人道憲章と人道対応に関する最低基準」https://www.refugee.or.jp/sphere/The_Sphere_Project_Handbook_2011_J.pdf
4 　Environmental Health Assessment Form for Shelters For Rapid Assessment of Shelter Conditions during Disasters, CDC.
　　https://emergency.cdc.gov/shelterassessment/
5 　避難所・避難生活学会「『防ぎえた災害死』を減らすための災害時避難所環境に向けて」（復興副大臣への要望書、2017年4月4日）など。
6 　安倍北夫「人間の対応と都市型震災」、予防時報126、1981年。
7 　榛沢和彦「イタリアの市民安全省と市民保護局」（榛沢、前傾書）。
8 　内閣府（防災担当）「避難所運営ガイドライン」2016年4月。
9 　内閣府防災担当付参事官通達「避難所の生活環境の整備等について（留意事項）」2017年7月6日。
10 　水谷嘉浩「段ボールベッド『暖段はこベッド』の有効性」（榛沢、前傾書）。
11 　岡田広行『被災弱者』岩波新書、2015年。
12 　亀井浩之「被災者生活再建支援法の成り立ちと現状」（「検証被災者生活再建支援法」関西学院大学災害復興制度研究所、2014年）。

3

災害時の公務・公共職場
大阪府の対応をケーススタディとして

有田洋明

はじめに

　2018年6月の大阪府北部地震、7月の西日本豪雨、台風21号・24号、北海道胆振東部地震をはじめ、かつてない規模での大災害が日常生活に襲いかかり、インフラや生活基盤を破壊された被災者が抱える諸問題はどこも共通しています。

　こうした被災者の願いに応え、希望のもてる支援と対策を抜本的に強化することが自治体に求められています。今後も避難生活が続くもとで、必要な物資の支援と同時に、被災者への心身ともに十分なケアなど健康を保持するためにも、きめ細かな対応が必要です。

　2018年の夏、大きな地震や記録的豪雨、巨大な台風上陸が相次いだことは、「災害多発国日本」の厳しい現実を改めて突き付けられ、災害に匹敵する異常な猛暑も日本列島を襲いました。

　どんな大災害が起きても、住民の安全なくらしを支えていくために、行政や自治体で働く職員が果たす役割は極めて重要です。2018年は異常気象もあり、増え続けている地震や台風、集中豪雨などの大災害に

対して、公務の職場でやるべき災害対策や救援活動が実際にどうなっていたのか。この間の「民間にできるものは民間で」と公共の市場化をすすめてきた結果、災害時に住民の生活にとって、どのような影響を及ぼしたのか。これまで大阪府都市整備部の職場で河川や下水道などで防災対策の仕事をしてきた経験をふまえ、大阪府における災害対応等の事例や問題点などを中心に報告します。

1　災害時に対応すべき公務職場はどうなっているのか

1　災害に弱い大阪の地理的な特徴

　大阪平野部は、東に生駒山地、西に大阪城が位置する上町台地と大阪湾、大阪市の南は大和川、北は淀川に囲まれています。

　この流域は、高い山地や台地に囲まれ、「海抜ゼロメートル地帯」とも言われています。海抜ゼロメートル地帯とは、地表の高さが満潮時の平均海水面よりも低い土地のことをいいます。大阪では昭和初期から工業用水として多量の地下水を汲み上げたため、地盤沈下が起こり深刻な問題となりました。防潮堤が、海水面より低い住居地域を守っています。特に東部大阪など大阪市の中心部への利便性の高い地域だったこともあって、高度経済成長期に人口が約2倍になり、それに伴うインフラ整備も進みました。しかし、田畑や緑地が舗装した道路に変わるなど自然のもつ保水機能が低下し、いっそう浸水や洪水が起こりやすい地域になっています。大阪府全体でみると、非常に水害に弱い地域的特徴をもっており、過去に豪雨や洪水によって八尾豪雨や大東水害など数々の災害を招く結果となりました。

2　府民の安全を守る防災対策

　大阪府では、浸水被害を防ぐため河川整備計画に基づき河川改修事

業をすすめてきました。高度経済成長期には、防災や治水の安全性を度外視して大規模開発事業を推進した時期がありました。しかし、1971年に黒田革新府政が誕生して以降、府民の暮らしと安全を第一に数々の公共事業を推進してきました。その一つに大東水害での教訓をふまえ、全国初の「寝屋川治水緑地」を建設し、全国に先駆けて「流域下水道事業」（下水と雨水の合流式下水道）を発足させました。

　河川施設には、晴天時は公園開放し、大雨時に河川の上流で流量をカットして水を溜める「治水緑地・遊水地」、下水道管や水路から流量をカットして水を溜める「流域調節地」、下水道管に入る前に流出を抑制して公園や学校、団地等の地下に水を溜める「雨水貯留施設」などのタイプの違う河川施設があります。しかし、局地的大雨に対応する流域下水道増補幹線や地下河川、流域調節池については、一定の治水効果を期待されていますが、建設予定地が少なく総工事費が非常に高いなどの理由から事業計画どおりにすすんでいません。

　最近の地球温暖化など気象変動で局地的豪雨が増加傾向になっています。大阪府では、台風や大雨時での高潮（洪水）予測や河川の増水などに備えて適正に判断する必要があり、気象庁と連動して大雨注意報等が発令されると水防体制にもとづき職員配置をしています。

　さらに、高潮や洪水、浸水被害時のハザードマップを公表し、インターネットによる河川水位や降雨状況を住民にすばやく把握できるシステムも構築されています。また、府民に身近な河川施設の役割や大雨時に家庭での対応など理解してもらうために、河川施設や津波ステーションの見学会、小・中学校への出前講座、治水フォーラムの開催など啓発活動も強化させています。

3　災害時の職員体制は機能したのか

　災害時に大阪府職員は、「災害等応急対策実施方針」にもとづき、地

震や津波、風水害等が府域で災害等が発生し、または発生するおそれがある場合に、大阪府が応急対策活動を実施する組織として、警戒班・指令部・警戒本部・災害対策本部・現地災害対策本部を設置します。

実際に災害等が発生し、または発生するおそれがある場合は、府職員に対して「非常1号配備（1/4）」「非常2号配備（1/2）」「非常3号配備（全員）」の配備指令を行うものとし、知事が災害等に応じて、配備体制での職員数を増減することができるとしています。

大阪府北部地震では、大阪府の初動対応として、幹部職員の待機（30分以内に参集）、緊急防災推進員の指名（休日・夜間の発災時に60分以内に参集可能な職員を指名）、震度4以上で自動参集（全職員対象）とし、参集体制を予め規定しています。大阪府での地震や豪雨、台風による災害時に自治体や職員体制が十分に機能したのでしょうか。

大阪府北部地震、7月豪雨、台風21号の状況を事例に説明します。

2　大阪における被害状況と災害時の対応

1　大阪府北部地震（2018年6月18日）
①発災時の状況と被害状況

大阪府北部地震は、2018年6月18日7時58分ごろ、大阪府北部を震源として発生し、地震の規模はマグネチュード6.1で、震源の深さは13km。最大震度6弱を大阪市北区・高槻市・枚方市・茨木市・箕面市の5市区で観測し、その他の広範な地域で5強を記録しています。大阪府内で死者6名、2府5県で負傷者443名（うち重傷者28名）、家屋の全壊8棟・半壊517棟・一部破損5万7787棟、火災は7件。ブロック塀の崩落、本棚の下敷き、地震で持病が悪化による関連死、地震による死者は5名。総務省消防庁調べ（2018年11月6日現在）

表 3 - 1　地震発生から大阪府災害対策本部会議までの流れ

時　　間	内　　容
7：58（発災時）	震度 6 弱の地震発生による「大阪府災害対策本部」を自動設置
30 分以内	当番副知事、危機管理監、危機管理室課長級以上等の災害対策待機要員が順次参集→災害対策本部事務局内の司令塔機能立ち上げ
9：00（出勤時）	職員参集 1,333 名 17%（うち大手前庁舎 367 名、咲洲庁舎 131 名）危機管理 C への緊急防災推進員 15 名（32 名指名）
9：30	第 1 回災害対策本部会議を開催

出所：大阪府の資料により著者作成。

②大阪府の災害時の初動体制

　震度 6 弱を記録した大阪府北部地震では、非常配備対象である府職員約 8000 人のうち、勤務開始時間の午前 9 時までに出勤できたのは約 17% の 1333 人と報告されています。発生時は午前 7 時 58 分ごろで、多くの公共交通機関が運行停止したことが主な要因です。

　松井知事も道路の渋滞で第 1 回災害対策本部会議に間に合わず、午前 10 時 10 分頃に到着でした。大阪府庁（大手前庁舎）に多くの職員が徒歩や自転車で順次参集し、臨時の駐輪場も設置されました。一方で、咲洲庁舎では、大阪メトロ（地下鉄）が不通になり、徒歩や自転車で参集することもできず、まさに「陸の孤島化」となりました。本来であれば災害対応にあたるべき咲洲庁舎が「防災拠点にならない」ということがあらためて立証されました。

　大阪府は今後、南海トラフ巨大地震への対応を強化する方針で、新たに委員会を設置して不十分だった初動対応などについて議論をすすめるとし、大阪北部地震時の職員参集状況に関するデータをふまえて、ガイドラインの修正作業をすすめています。大阪府では、災害等応急対策実施要領に「震度 6 弱以上の地震時に事情がある場合を除いて全職員を非常配備する」と定めています。大阪府では、震災当日から高槻市や茨木市に職員を派遣支援しました。

3　災害時の公務・公共職場　　145

維新府政の10年間で府職員3200名も削減したことによって、甚大な災害時に十分に行政機能が発揮できない実態が鮮明になりました。

③市町村での災害対応と支援体制

　震度6弱を記録した大阪北部地震では、罹災証明書の発行に必要な家屋調査の実施が遅れるという事態になりました。その業務に対応する自治体（市町村）の職員が圧倒的に少ないのが原因であり、一部の自治体窓口に調査依頼で訪れた住民が殺到し、調査開始まで2か月待ちというケースも発生しました。被害の大きかった茨木市では、市役所内に「家屋調査受付窓口」を設置したものの、市職員が「現在2時間待ち」と呼びかけ、待っている被災者に整理券を配布している状況で混乱しました。ある市民は「2時間待ったが用事があるので申請前だが帰らざるを得ない」とし、自宅は地震で屋根の瓦が落ちて門柱が倒れたもとで「早く補修したいが罹災証明書なしで工事を発注できない」と話されています。同市では、家屋調査の申請は地震発生から一週間後に4100件を超えて、職員30人10班体制で被災家屋を巡回しましたが、調査が完了したのは約800件に留まっていました。

　調査を行う市資産税課では、他部署や他府県からの応援を受けて、

表3−2　大阪府・府下市町村等から被災自治体に支援状況

大阪府の対応	派遣日数・派遣人数		支援内容
府から先遣隊を派遣	6／18〜	2名	概括被害の把握等
府の情報収集・現地連絡要員配置	6／19〜	72名	情報収集、連絡調整等
府からプッシュ型支援の実施	6／20〜	150名	物資拠点開設、避難所対応、罹災証明発行、家屋被害認定調査等
府下市町村から支援	6／25〜	1,452名	
関西広域連合から支援 府からプル型支援の実施	6／18〜 6／20〜	308名 287名	
専門職員の派遣	6／19〜	974名	こころのケア活動支援、被災建築物応急危険度判定等

出所：同前。

電話や窓口対応の職員らを通常の3倍近くに増員しても業務が追いつかない状況でした。茨木市や高槻市など災害対応の職員数が不足し、被災者や市民から不安の声が寄せられていました。大阪府をはじめ、他の市町村からの支援体制によって何とか災害対応ができる状況になっていました。

2　西日本豪雨（2018年7月豪雨）

①発災時の状況と被害状況

　2018年6月28日から7月8日にかけて、西日本を中心に北海道や中部地方など全国的に広い範囲で記録的な豪雨が各地を襲いました。大阪府でも7月5日に大阪府北部を中心に甚大な被害が発生していました。京都府に隣接する山間部の能勢町では、降り始めから総降雨量499mmと7月観測史上を記録するなか、土砂崩れで府道173号線が寸断され、「全面通行止め」になり、各地でも河川の氾濫や土砂崩れ、道路崩壊など甚大な被害が広がりました。

②大阪府の災害対応の水防体制

　ある土木事務所では、朝9時から翌朝9時まで24時間水防勤務をして、それ以降も勤務時間終了まで業務をしています。実働32時間も連続で水防勤務と通常業務をしていることになります。約100名の職場で上限規制対象外（災害・水防）の残業が約5000時間になり、1人当たり平均で月約50時間の時間外勤務となっています。その他にも通常業務の残業があるので月80時間超の残業が発生しています。本来の通常業務でも職員数が足りておらず、緊急対応が必要な時は壊滅的で職員が疲弊しながら業務しているのが実態です。府職員が安心して災害対応に専念できる職員体制と職場環境の改善が不可欠です。

3　災害時の公務・公共職場　147

3　台風 21 号（2018 年 9 月 4 日）

①発災時の状況と被害状況

　台風 21 号は、非常に強い勢力を保ったまま 2018 年 9 月 4 日 12 時頃徳島県南部に上陸しました。上陸時の中心気圧は 950hPa（速報値）、非常に強い勢力での上陸は、1993 年の台風 13 号以来 25 年ぶりとなります。同日 14 時頃には兵庫県神戸市付近に再上陸しました。（最大瞬間風速／関西国際空港で 58.1m、最高潮位／大阪市で 329cm、1961 年の第二室戸台風時の記録を超える。）

　死者 13 人、負傷者 912 人（重傷 38 人、軽傷 857 人、程度不明 17 人）、家屋の全壊 9 棟、半壊 46 棟、一部破損 2 万 1920 棟、床上浸水 28 棟、床下浸水 191 棟、公共建物被害 5 棟、その他、非住家被害 66 棟になっています。大阪府、和歌山県、兵庫県などを中心に 8 府県でのべ約 224 万 7000 戸が停電し、強風による電柱倒壊や断線、電柱の変圧器に飛来物が当たり故障など、少なくとも 581 本の電柱が損壊しています。総務省消防庁調べ（2018 年 9 月 14 日現在）さらに、台風で倒木や家屋崩壊、土砂崩れによって立ち入り困難な地域もあり、完全復旧には程遠く作業が長期化しています。また、最大風速 44m 以上で特に湾岸部では 60m 以上、高潮によって関西国際空港がターミナル含めて冠水して使用不能となり、暴風で流されたタンカーが空港島と対岸を結ぶ連絡橋に激突して利用者 8000 人が孤立する深刻な事態となりました。1994 年に関西空港が開港しましたが、当時から軟弱地盤の人工島で 3 ～4m も沈下し、ジャッキアップ等で護岸補強工事をしても「50 年に一度の台風」にも耐えられず、災害に弱い空港島であることを露呈しました。

②大阪府の災害対応の水防体制

　大阪府咲州庁舎（旧 WTC ビル）では、暴風時にエレベーターが全台停止し、府職員によると「風が強くなって 3 時間ぐらい建物全体が

小刻みに揺れ続けて怖かった」と証言しています。エレベーターホールには、府職員や来庁者らが座り込んで復旧を待ったほか、館内で外出を控えるように求めるアナウンスが流れ、一部のエレベーターは午後6時過ぎに復旧しました。さらに、咲洲庁舎に隣接する駐車場で20台を超える自動車が吹き飛ばされ、割れたガラスも散乱し、多くの倒木が散乱しました。大阪市此花区の人工島「夢洲」は、カジノなど統合型リゾート（IR）の誘致候補地です。積み上げられた3トンものコンテナが強風で崩れ落ち、コンテナを吊り上げるクレーン機も折れ曲がるなど被害を受けました。咲洲埠頭から「夢洲」の様子を見ていた作業員が「津波のように一気に海面が上がって夢洲に押し寄せていた」と語っています。

　また、湾岸部や大阪府南部にある土木事務所や保健所では、1週間経っても停電が復旧せず、災害対応と日常業務にも大きな影響を及ぼしました。

③松井知事の身勝手で無責任な対応

　台風21号が直撃するなかで、「あの状態で外出すれば人命を危機に晒す」という危険な状況であり、甚大な災害が広がっていたにも関わらず、大阪府と大阪市は災害対策本部を設置しませんでした。

　もし災害対策本部を設置しておれば、知事自らが本部長として陣頭指揮にあたり、復旧作業の優先順位をトップダウンで迅速に判断できたと思います。しかし、今回の松井知事がとった行動は、台風災害対応よりも沖縄県知事選支援と万博誘致のヨーロッパ訪問を優先させたことであり、極めて大問題と言わざるを得ません。帰国後に松井知事は、「当初予定より早く復旧し、災害を乗り越えたことを世界に示せた」と無責任な発言をしています。府民のいのちと安全を軽視した知事の行動に対し、府民や府職員からも怒りの声があがっています。

　いま、「カジノより防災対策に」「カジノよりくらし応援を」などの

3　災害時の公務・公共職場　　149

住民団体からも運動が大きく広がっています。いまこそ、人工島のインフラ整備、アクセスのための地下鉄延伸、高速道路の整備などに税金をつぎ込むより、くらしや福祉・医療の充実で消費の拡大、経済成長につなげ、何よりも防災対策に全力をあげるべきです。

3　災害対応をめぐる国と自治体、都道府県と市町村

1　未曾有の大災害からの教訓、大幅な災害対策基本法の改正

　今後30年間で大規模な地震が起こる確率は高くなり、住民の中にも防災意識が強まってきています。しかし、自治体と地域が円滑に連携していかなければ、大規模な震災後の災害対策がうまく働かないことは当然のことです。いつ発生してもおかしくない大規模地震や災害等に備えて、自治体として災害時にどんな体制で災害対応する必要があるのでしょうか。

①災害対策基本法とは

　「災害対策基本法」とは、住民のいのちと財産を災害から保護するため、国や自治体の体制を確立し、防災計画の作成や災害予防、災害時の応急対策など役割を明確にし、万が一の災害時に計画的かつスムーズに住民の安全と命を守る非常に重要な法律です。これまで地域や市町村中心で行ってきた防災対策は、緊急時には国や自治体（都道府県）が代行できる機能を大幅に拡大させています。

②国や自治体など行政の災害時の対応

　これまでは、地震などの災害が起こっても、迅速な人命救助やガレキ撤去作業など、十分な体制が未整備となっていました。現在は、国や自治体が災害時の対策を代行する仕組みを創設し、被災者の生活環境を満たす施設をあらかじめ指定した上で、災害時の避難場所を確保しています。通常は定期的に防災会議を行い、災害時には災害対策本

部を設置し、急な災害にも迅速に対応しています。災害時、国や自治体が積極的に協力体制を整備しても、実際に現場で起こった被害状況に目の届かない可能性があります。そこで、住民の安全をより確実に守るため、日本銀行や日本赤十字社、NTT、NHK、電力・ガス会社、JR等の事業者に対し、防災計画にもとづき住民に役立つ災害対応の役割を分担しています。

③災害時だけではない、平常時の行政災害対策

　地域防災計画は、地震や風水害などの種類別に作成し、より細かく「予防の計画」「応急処置の計画」「復旧・復興計画」など構成しています。あらゆる災害を想定し、地域に避難所をあらかじめ指定しています。災害発生時、スーパーなど店舗の機能が低下し、物資が調達できない可能性があります。そのため、国は各自治体や公共団体に毛布や衣類、仮設トイレや乾パンなどの「食糧備蓄」を推進しています。毎年9月1日を「防災の日」と定め、地域の住民や防災関係者らが参加し、避難訓練や炊き出しなどの大規模な防災訓練を行っています。

2　脆弱な防災予算と職員体制
──「大阪の成長戦略」では災害に対応できない

①スリムな組織めざし減り続ける職員数

　大阪府では、全国トップレベルのスリムな組織体制をめざし、「官から民へ」の流れをつくり、「独立行政法人化」「出先機関の統廃合」「指定管理者・大阪版市場化テストの導入」をすすめ、職員基本条例にもとづく職員削減計画（毎年一律2％削減）によって、徹底して大幅に職員を減らし続けています。また、「副首都・大阪」にふさわしい大都市制度の具体化に向けて、大阪だけでなく日本全体の成長に向け起爆剤となる2025万博（開催決定）とカジノ（IR）を推進するため、必要な職員配置と予算を増やしています。しかし、大阪府の定める時間

外上限規制である年間 360 時間を超えて残業した職員の割合は、2011年度以降に増加し続けて、2016 年度で減少に転じたものの、依然として高水準で推移しています。そうした状況から健康を害して病気で休職する職員の割合も増加傾向になっています。

②異常な時間外勤務の実態と急増する病気休職者

　これまで時間外勤務の増加傾向と府職員の削減数が反比例しており、異常な残業解消は業務に応じた必要な人員増が必要不可欠です。大阪府職労の残業実態調査で、残業代を「すべて申請」が約 5 割に留まっています。また、病気により休職した職員の割合についても増加傾向となっています。大阪府の人事当局も「これ以上の職員数削減は一定の限界を迎えている」とし、事務事業の見直しや事務の効率化等による組織のスリム化を継続し、「府政の重要課題（知事重点）と府民の安全安心に関するものへの対応のために必要な人員配置を行う」と言わざるを得ない深刻な事態であり、一律的な職員定数削減計画はすでに破たんしています。

3　防災予算も職員数も不十分な市町村の実態

　大阪府下の市町村では、集中改革プランにもとづく職員定員管理の数値目標をもとに、府内市町村の職員数は急激に減少しています。2016 年 4 月 1 日時点の職員数は 4 万 3137 人であり、過去 10 年の減少率は 14％（2006 年 4 月 1 日時点の職員数 5 万 171 人）。府内の多くの市町村では、団塊世代が大量退職しても、職員採用を抑制することにより、数値目標を達成させています。しかし、一律的な職員数の削減で行政サービスの低下につながっています。府下の 41 市町村で働く非常勤職員（大阪市・堺市の政令市除く）の割合は 41.8％ で、9 市町で約 5 割を超えています。災害時の対応業務を非常勤職員ができないため、現行の職員体制では限界があり、極めて深刻な事態となっていま

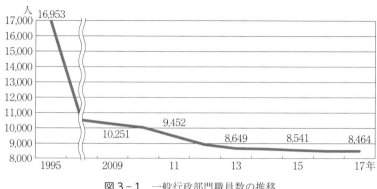

図3-1　一般行政部門職員数の推移

出所：同前。

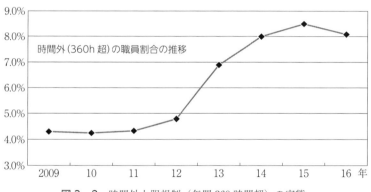

図3-2　時間外上限規制（年間360時間超）の実態

出所：同前。

す。また、市区町村レベルでは、防災担当の職員が極めて少なく、災害時に十分な対応ができていないのが現状です。

　このような状況で担当職員が専門性を高めながら、地域に見合う防災計画をつくることは厳しいと言わざるを得ません。防災予算があっても、結果としてハザードマップ作製や防災計画をコンサルに丸投げすることになります。いざという時に「避難勧告・指示」の判断を誤

3　災害時の公務・公共職場　　153

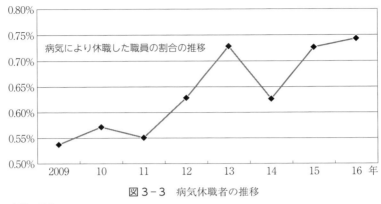

図3-3 病気休職者の推移

出所：同前。

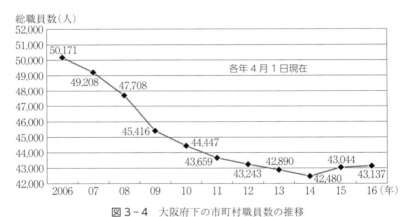

図3-4 大阪府下の市町村職員数の推移

出所：同前。

り、避難の呼びかけが遅れる事例も少なくありません。専門的な知識と経験をもつ職員をきっちり配置させることが求められています。

4 災害時に十分な機能と役割が発揮できる体制を

　大阪府では、「公の施設」（府営公園や公共施設など）の維持管理を府職員による直営業務から指定管理者制度や市場化テストに移行する

など、「官から民へ」の流れに拍車をかけています。

　また、手つかずの河川整備や道路補修、更新の目安とされる設置後50年を超える水門・ポンプ場など防災施設も多く、財政状況が厳しいことを理由に、生活インフラ整備を先送りしてきたことは大問題です。さらに、ベテラン役員が退職するもとで、若手職員への技術継承もなかなか厳しい状況です。防災担当や技術職員のいない市町村もあり、救援・復旧作業など十分な対策が不可能です。

　今こそ、大地震と大津波、タンク火災、原発事故などの未曾有の被害を想定し、住民のいのちと暮らし、安心・安全なまちづくりが緊急の課題であり、国・都道府県・市町村の連携の強化が求められています。いつ地震が発生しても万全な防災対策が重要です。最小限の被害に抑える減災対策や被災後の復旧やくらしを守ることを最優先にし、その使命である自治体職員の体制強化が急務の課題です。

　最後に若手保健師のつぶやきを紹介します。

　「私たち保健師は、さまざまな災害やパンデミック、重大な健康問題が起きたとき、現場を支える力の一端を担っています。今までの事例からも明らかです。絶えず現場で判断し、動ける職員なしに、危機をどう乗り越えろというのでしょうか。マニュアルを積み上げても誰がそれを使うのですか。あと数年で、さらにベテラン職員は誰もいなくなります。40〜50代の保健師は少なく、経験者の離職をくい止める努力は待ったなしです。仕事を整理し、優先順位をつけ、実施することは当たり前のことですが、さらに削ると質を落とすことになり、丁寧な仕事も阻害されます。その結果、失敗や事故につながります。タフな職場を維持し、常に新しい若い人を育て続けられる職場を再構築するには、魅力のある職場が必要です。『身を切る改革』と称し府職員を減らすことは、地方自治体である大阪府としての自殺行為です。」

5 大阪府職労「災害時対応緊急アンケート」(1000超える回答集計)

アンケート結果では、回答者の約4割が今回の災害等によって時間外勤務が増加したと答えています（グラフ①）。

また「今後、大きな災害が発生した場合、現在の職員数で対応できるか」の問いには、半数以上が「対応できない」と答えており、「十分に対応できる」と答えたのは6.5%に留まっています（グラフ②）。

「大阪府が災害に強いと思うか」の問いには「思わない」が半数を超え、「思う」はわずか4.9%でした（グラフ③）。「思う」と回答した人は「非常時に最大限可能な方法で参集しようとする意識の高い職員が

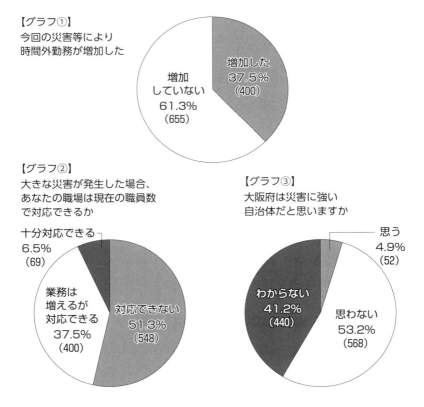

多い」「私たちがしっかり施設を保全している」「職員の危機管理に対する意識や使命感が強い」「少々大変でも仕事を投げ出す人がいない」「職員のみなさんが協力的」など、職員の懸命な努力なども多数寄せられています。一方で「思わない」と回答した人の理由では「災害時に庁舎そのものが使えない建物が多い」など、庁舎の老朽化や防災拠点にならない咲洲庁舎の問題点を指摘する意見が多数寄せられています。

執筆者

寺尾　徹（てらお・とおる）香川大学教育学部教授

田結庄良昭（たいのしょう・よしあき）

　神戸大学名誉教授・兵庫県自治体問題研究所理事

磯部　作（いそべ・つくる）

　放送大学岡山学習センター客員教授・岡山県自治体問題研究所副理事長

越智秀二（おち・しゅうじ）比治山女子中学・高等学校非常勤講師

村田　武（むらた・たけし）㈱愛媛地域総合研究所代表取締役

山藤　篤（やまふじ・あつし）愛媛大学社会共創学部助教

松岡　淳（まつおか・あつし）愛媛大学農学部教授

小淵　港（こぶち・みなと）愛媛大学名誉教授・愛媛県自治体問題研究所理事長

池田　豊（いけだ・ゆたか）京都自治体問題研究所事務局長

室崎益輝（むろさき・よしてる）兵庫県立大学大学院教授

塩崎賢明（しおざき・よしみつ）神戸大学名誉教授

有田洋明（ありた・ひろあき）大阪府関係職員労働組合執行委員長

豪雨災害と自治体
　——防災・減災を考える

2019 年 1 月 31 日　　初版第 1 刷発行

編　者　大阪自治体問題研究所
　　　　自治体問題研究所

発行者　長平　弘

発行所　㈱自治体研究社
　　　　〒162-8512 新宿区矢来町 123　矢来ビル 4 F
　　　　TEL：03・3235・5941／FAX：03・3235・5933
　　　　http://www.jichiken.jp/
　　　　E-Mail：info@jichiken.jp

ISBN978-4-88037-688-2 C0036　　　　印刷・製本／中央精版印刷株式会社
　　　　　　　　　　　　　　　　　　　　　　DTP／赤塚　修

自治体研究社 ───────────────

南海トラフ地震・大規模災害に備える
──熊本地震、兵庫県南部地震、豪雨災害から学ぶ
田結庄良昭著　定価（本体1300円＋税）

熊本地震の現地調査と阪神・淡路大震災の被災経験を踏まえ、震災・災害への対応を考える。地質学の新鮮な知見は地域防災の再検討を迫る。

災害の時代に立ち向かう
──中小企業家と自治体の役割
岡田知弘・秋山いつき著　定価（本体2300円＋税）

東日本大震災での地域中小企業の貢献を明らかにして、懸念される南海トラフ地震を初め「災害の時代」に向かっての自治体の対応を考える。

人口減少と公共施設の展望
──「公共施設等総合管理計画」への対応
中山　徹著　定価（本体1100円＋税）

民意に反した公共施設の統廃合や民営化が急速に推し進められている。地域のまとまり、まちづくりに重点を置いた公共施設のあり方を考察。

人口減少と地域の再編
──地方創生・連携中枢都市圏・コンパクトシティ
中山　徹著　定価（本体1350円＋税）

地方創生政策の下、47都道府県が策定した人口ビジョンと総合戦略を分析し、地域再編のキーワードであるコンパクトとネットワークを検証。

人口減少と大規模開発
──コンパクトとインバウンドの暴走
中山　徹著　定価（本体1200円＋税）

各地に大規模開発計画が乱立している。この現状をつぶさに分析して、人口減少時代の市民のためのまちづくりとは何かを多角的に考察する。